KB114264

출근하지 않아도
단단한 하루를 보낸다

출근하지 않아도 단단한 하루를 보낸다

김은덕
백종민 지음

일찍 은퇴한
사람들의
습관책

어떤책

단단한 일상을 보내는 방법

종민과 내가 회사를 그만둔 지 어느 새 10년이 됐다. 출퇴근 없이 생활한 지 10년이 된 것이다. 부모님은 우리를 만날 때마다 요즘은 무얼 하고 사는지 묻는다. 10년 동안 늘 똑같은 질문이다. 회사에 나가지 않으면 돈을 벌 수 없고, 돈을 벌지 않으면 아무것도 하지 않는 것과 같다고 생각하시는 듯하다.

부모님뿐 아니다. 어쩌다 만나는 친구들도, SNS로 연결된 지인들도 우리의 일상을 궁금해한다. 평일 낮에 운동하다 마주친 어른도 "뭐하는 분이세요?" 하고 묻는다. 30~40대로 보이는 우리가 남들이 출근해 있는 시간대에 밖에서 한가하게(?) 시간을 쓰고 있으니, 낯설어하시는 것도 당연하다. 그동안 조기 퇴직자를 만날 기회가 많지 않으셨을 테니.

30대에 은퇴했다고 말하면, 많은 사람들이 '집에 돈이 많은가 보네' 하는 생각부터 한다. 사람들은 얼굴을 마주한 자리에서는 조심스럽게, 인터넷 댓글창에서는 대놓고 우리를 향해 이런 반응들을 보인다. 결론부터 말하자면, 우리는 책을 쓰고, 강연하고, 유튜브에 출연하며 최소한의 돈을 벌고 최소한의 소비를 한다. 그런 의미에서 극단적으로 소비를 줄여 넉넉한 자금을 마련한 후 은퇴하는 파이어fire족은 아니다. 최소한의 생계와 소비로 삶을 유지하니 모닥불bonfire족 정도는 되려나?

종민과 나는 30대 초반에 결혼했다. 동반자와 함께하는 인생 2막은 좀 다르게 살고 싶었다. 그래서 퇴사를 결정하고 2년 동안 여행을 다녀왔다. 돌아온 이후가 걱정되지 않았냐고? 물론 걱정됐지만 그래도 오래 염원했던 세계여행을 떠나고 싶었다.

운이 좋게도 여행하는 동안 직장생활에 얽매였던

사고방식에서 많이 자유로워졌다. 세계여행이 직장 생활을 하던 나와 회사에 다니지 않는 나의 간극을 좁혀 주는 징검다리가 되었다. 그 징검다리에서 일상의 초침을 달리 바라볼 수 있게 되었다. 매일 아침에 출근하고 저녁에 퇴근하는 일상, 회사에서 정해 준 일정 말고 내가 정한 스케줄로 채우는 삶, 두 개의 선택지가 보였다. 결국 귀국한 뒤 종민과 나는 직장을 구하지 않았다.

독립생활의 시작, 처음 가져 보는 자유

이른 은퇴 이후 우리는 독립생활자가 되었다(월급과 조직에서 독립했다는 의미로 우리는 스스로를 '독립생활자'라고 부르고자 한다). 우리에게 하고 싶은 일을 하고, 하기 싫은 일을 하지 않을 자유가 주어졌다. 처음에는 이 자유의 범위가 어디까지인지 가늠을 못 하고 하루 종일 스마트폰을 보거나 사람들과 만나 밥 먹고 차 마시며 방만하게 시간을 보냈다. 정해진 스케줄이 없는 만큼 우리에게 필요한 일이 무엇인지 정하고 그 일을 어떻게 해 나갈지가 중요했는데, 이렇게 시간을 보내고 있어도 되는 건지, 어느 순간부터 불안이 엄습했다. 이대로 별볼일 없는 사람이 되는 건가? 생활비는 어떻게 충당하지?

통장 잔고가 바닥난 걸 확인하고서야 심한 충격이 왔다. 누가 뭐래도 대책 없이 한심한 백수 커플, 우리는 그 이상도 이하도 아니었다.

무엇을 어떻게 해야 월급 없이도 마음의 안정을 누리면서 하루를 알차게 보낼 수 있을까. 우리는 무엇을 좋아하고, 어떤 사람이 되고 싶은가. 그러기 위해선 지금 이 시간을 어떻게 보내야 할까.

우리가 찾아낸 해답은 '습관'이었다. 내가 되고 싶은 사람이 되기 위해 필요한 습관을 만들고, 그 습관들로 하루하루를 채워 나가면 단단한 일상을 꾸릴 수 있을 것 같았다. 그래서 우리는 좋은 습관을 찾아내기 위한 시간을 보냈다. 출근하지 않는 지금의 삶을 지속가능하게 해 줄 경제적 습관은 물론이고, 몸과 마음의 건강을 위한 습관, 성장을 위한 습관을.

이 책은 다섯 부분으로 이루어져 있다. 1부는 경제 습관에 관한 것이다. 출근하지 않는 삶을 계속 누리고 싶은가? 그렇다면 독립생활에 맞춤한 경제 습관이 필요하다. 독립생활을 하다 보면 가장 아끼지 말아야 할 병원비가 아깝게 느껴질 때가 있고, 지나가는 사람의 눈초리에도 마음이 흔들릴 때가 있다. 이를 이겨 내고 10년째 만족스럽게 독립생활을 이어가고 있는 사람으로서 우리의 경제 습관을 소개한다. 2부에서는 직장생활을 할 때보다 훨씬 건강하게 지내며 스스로 행복감을 자주 느끼기 위해 필요한 습관들을 다룬다. 3부에서는 자기계발을 위해 우리 부부가 실행 중인 습관들을 소개한다. 생계에도, 취미에도 유익한 습관들이다. 습관을 지속하기란 결코 쉽지 않다. 4부에서는 난관이 찾아왔을 때 이를 극복하는 방법들을 안내한다. 5부에는 그렇게 구축한 습관들을 더 오래 더 가치있게 유지하기 위한 방법들을 담았다.

'온전히 내 것'이 된 시간 앞에서

습관에 관한 책은 셀 수 없이 많다. 당장 인터넷서점 검색창에 '습관'이라는 키워드만 쳐도 자기계발분야 상위권에서 여러 책을 찾을 수 있다. 나는 자기계발과 짝을 이루어 너무 뻔하게 쓰이는 '습관'이라는 단어를 의도적으로 멀리해 왔다. 하지만 좋은 기분을 느끼게 해 주는 여러 습관들을 가지게 된 지금은 습관 덕분에 우리가 누릴 수 있는 자유에 감사하고 있다.

독립생활자가 된 우리는 할 수 있는 것이 아주 많다. 은퇴를 했기 때문에 직장생활을 할 때보다 시간이 두 배, 세 배, 아니 '온전히 내 것'이 되었다. 이 소중한 시간을 좋은 습관으로 채운다면 굳이 새해마다 무언가를 다짐하지 않고도 또 하나의 하루를 단단히 보낼 수 있다.

우리는 우리가 만들어 놓은 시간표대로 하루를, 또 그다음 날을, 한 달을, 1년을, 그리고 10년을 채워 왔다. 이제는 힘들이지 않고 자동적으로 그 일들을 해낸다. 누군가에게는 매일 간헐적 단식을 하고 새벽에 일어나고 운동을 하는 일들이 새해의 큰 결심이 되어야 하지만, 우리는 그저 일상으로 힘들이지 않고 이것들을 한다. 여기에 매일 성장을 위한 외국어 공부와 악기 연주, 독서를 루틴에 포함시켰다. 그리고 1년에 몇 개월은 외국에서 생활한다. 이른바 '한달살기'라는 여행을 마흔 번에 걸쳐 해 왔다. 이 또한 삶의 습관이 되어 여름과 겨울에 힘들이지 않고 떠날 수 있다.

우리는 이 책을 쓰며 다음 세 가지를 나침반 삼았다. 첫째, 출근하지 않는 삶을 원하는 이들이 이를 실행에 옮기고 오래 유지할 수 있도록 우리의 현실을 있는 그대로 보여 줄 것. 둘째, 그들이 좋은 습관을 만들고 실천할 수 있도록 도울 것. 셋째, 우리가 경험한 행복한 마음을 나눌 것.

　습관의 궁극적인 목표는 '좋은 삶'이다. 인생의 시간을 내가 원하는 방향으로 이끌고, 스스로에게 만족을 느끼며 행복하기 위해 우리는 좋은 습관을 만든다. 여러분에게는 크든 작든 시간의 자유가 있고, 여러분의 일상은 습관을 통해서 더 나아질 수도 나빠질 수도 있다. 오직 여러분의 선택에 달렸다. 조기 은퇴를 준비하거나, 이미 퇴사를 했거나, 혹은 직장 말고 내가 좋아하는 일들을 하며 삶에 만족하고 싶은 분들이라면 우리의 습관에서 힌트를 찾아보길 바란다. 끝으로 이 책은 백종민과 내가 공동으로 작업했으나, 초고의 대부분은 내가 썼기에 글의 화자는 '나'로 통일했음을 밝힌다.

2021년 11월. 김은덕

1부
마음의 안정을 이끄는
경제 습관

....

이제는 휴식이 아니라 은퇴를 원한다는
하소연을 종종 듣는다.
휴식 후 매번 바쁜 일상으로 돌아가는 일을
그만 멈추고 싶다는 의미일 것이다.
하지만 대부분은 이를 실현하지 못한다.
1부에서는 '나도 일을 그만 둘 수 있을까?'
한번쯤 고민해 본 이들이
막연한 마음을 현실감각으로 바꿀 수 있도록 돕는
경제 습관에 대해 이야기한다.

걱정은 시작도
못 한 이들의 몫이다

"은퇴하려면 재산이 얼마나 있어야 할까요?"

어느 커뮤니티에 조기 은퇴를 희망한다는 멤버가 올린 질문이었다. 사람들은 뜨겁게 호응했다. 자신도 같은 고민을 하고 있다는 공감형 답글들이 줄을 이었고, "10억이요", "5억은 있어야 하지 않을까요?" 막연한 숫자를 내놓는 답글들도 많았다. 더 구체적인 답변을 올린 사람들도 있었는데, 공과금, 대출금 및 이자, 문화생활비, 저축을 포함해 하루하루 지출하는 금액에 앞으로 당신이 살 날을 곱해 보라는 이도 있었다. 당장 내일 죽을지도 모르는데 앞으로 살 날을 곱하라니.

답글들을 읽다가 이들 중 진짜 은퇴한 사람은 몇이나 있을까 궁금해졌다. 내 눈에는 실제로 조기 은퇴를 실행한 사람이 자신의 경험에 바탕을 두고 쓴 답글은 하나도 없어 보였기 때문이다.

이후로도 답글들은 계속 이어졌다. 그중 맥을 탁 끊는 답글이 있었다.

"그냥 회사 다니세요. 집 빼고 20억을 모아 놓지 않았으면 회사 다니는 게 나아요."

현금 20억과 아파트 한 채. 이게 2021년 대한민국을 살고 있는 이들에게 보편적으로 가능한 미래일까? 평화로운 은퇴생활은 정녕 무지개 끝에 숨겨진 보물 같은 건가 싶다.

상기하자면, 우리는 현금 20억도, 아파트 한 채도 없이 자발적인 은퇴에 성공했고 그 생활을 10년째 이어 오고 있다.

아파트 한 채와 20억은 잠시 잊어라

우리는 서른 즈음에 은퇴해 월급으로부터 독립했다. 지금까지 경험한 바로는 자발적인 은퇴 성공 여부는 20억과 같은 자금의 규모에 있지 않았다. 우리의 방법을 말하기 전, 과거의 어느 날로 돌아가 보려고 한다.

여느 날과 다름없이 출근 대열 속에 끼어 나는 지하철을 기다리고 있었다. 갑자기 온몸에 힘이 빠지고 식은땀이 나기 시작하더니 어떻게 할 겨를도 없이 주저앉고 말았다. 주변에 있던 사람들이 나를 부축해서 의자에 앉혀 주었다. 그렇게 의자에 겨우 기댄채로 긴 공백 속에 있었다. 지하철을 탔다면 서초역에 내려서 회사에 도착해 내 책상에 놓인, 남자친구가 선물해 준 다육식물에 물을 줄 시간이었다. 어느 정도 시간이 지나서야 몸에 힘이 돌고 정신을 차릴 수 있었다. '몸이 왜 이런 걸까? 오늘 할 일도 많은데…….' 벽에 기댄 채 이런 생각을 먼저 하는 내가 싫었다.

병가를 내고 집으로 돌아가기 전 병원에 들렀다. 의사는 저혈압 때문이라고 했다. 평소에도 혈압이 낮아서 조심하고 사는데 그날 일이 터진 거다. 의사는 스트레스 받지 말고 휴식하면서 조심해야 한다고 말했지만 늘 조심하면서 사는 내가 뭘 더 조심할 수 있을까 싶었다. 이번에는 이렇게 쉬고 다음 날 출근하면 되겠지만, 몸 상태가 더 나빠져서 더 이상 출근을 할 수 없다면 그때는 어떡해야 하나 불안해졌다.

내 몸이 늘 내 마음대로 되는 게 아니라는 걸 경험하고 난 뒤부터 출퇴근의 스트레스가 없는 삶을 꿈꾸었다. 다양한 고민이 있었지만 대체로 '출퇴근이 없는 은퇴생활'이 내 고민의 답이 되었다.

누구에게나 은퇴는 처음이라 어떻게 월급으로부터 독립할 수 있을지 막막하다. 꼬박꼬박 들어오던 월급이 사라지면 공과금이며, 경조사비며, 하다못해 식비까지 어떻게 조달해야 할지 두려워진다. 이런 무지에서 오는 두려움이 '아파트 한 채와 20억'이라는 은퇴자금을 만들었을 것이다. '그 정도 있으면 행복하게 살 수 있어'라는 막연한 안도 말이다. 물론 누군가가 고민고민해서 만든 숫자일 테지만 당장 아파트 한 채 마련도 힘겨운 대부분의 30~40대들에게 20억은 감도 잡히지 않는 숫자다. 은퇴는 남의 일 같기만 하니 로또나 코인판을 들락거리며 일확천금을 기대하게 되는 것 아닐까?

나도 그런 줄 알았다. 개미처럼 일하다가 나중에 나이가 들면 자연스럽게 은퇴해서 안락한 노후를 보낼 수 있을 거라고 생각했다. 하지만 내 몸이, 건강한 20대 후반의 내가 출근길에 쓰러지지 않았던가. 과연 정년이 허락된다 해도 30년 이상의 시간을 버틸 수 있을까? 은퇴자금을 준비하기 전에 다른 방법을 강구해야 하지 않을까?

고작 저혈압으로 한 번 쓰러진 걸 가지고 은퇴까지 생각하는 건 지나친 건강 염려일지도 모르겠다. 하지만 행복한 생활을 무리 없이 영위하고 싶은 게 과한 욕심일까. 출퇴근을 반복해야 하는 직장생활이 즐겁지 않은 건 분명한데. 그 당시에 나는 어떻게든 생활방식을 바꿔야 한다고 생각했다. 더 나이들기 전에!

그 일이 있고 나서 다육이를 선물했던 종민과 결혼했다. 웨딩플래너 없이 둘이서 결혼식을 준비했다. 결혼 뒤 얼마 지나지 않아 둘 다 회사를 그만두고 세계여행도 다녀왔다. 준비된 건 아무것도 없이 서로만 믿고 출발했는데, 지금 생각해 보면 2년의 여행을 떠난 건 정말 행운이었다. 생각의 결이 닮은 사람과 동행하며 힘들 땐 서로의 손발이 되어 주고, 남들이 가지 않은 길을 가 볼 수 있었으니까. 결혼 초기엔 잘 몰랐지만, 잘못된 결과를 놓고 상대를 비난하기보다 함께 문제의 해결책을 찾는 이를 만났기에 10년이란 시간 동안 '모험' 혹은 '실험'이라고 불릴 만한 일들을 저지를 수 있었다고 생각한다. 이렇게 말하면 '파트너가 없으면 독립생활은 불가능한가?' 생각할 수 있지만, 당연히 아니다. 그저 우리가 지나온 길이 실패와 위험을 감수해야 하는 길이었기에 종민과 내가 서로를 의지할 수밖에 없었다는 얘기다.

여러분은 우리보다 상황이 낫다. 이른 나이에 은퇴하는 사람들이 훨씬 많아졌고, 은퇴한 사람들의 사는 방식이 시간이 쌓일수록 근거가 되고 노하우가 되어 가고 있으니까. 우리는 그들 중 하나가 바로 우리라고 자부한다. 이 책을 통해 여러분은 우리가 찾은 길을 따라가 볼 수도 있을 것이다. 때론 좌절도 하겠지만 먼저 은퇴한 사람들을 통해 다가올 시련을 예상할 수 있으면 좀 더 수월할 것이다.

자! 지금부터는 아파트 한 채와 현금 20억 없이 손에 넣을 수 있는 은퇴생활을 그려 볼 것이다. 여러분들은 폭풍 속을 지나지 않길 바라는 마음으로 차근차근 설명하려고 한다. 시작은 '여행가방'이다.

장기 여행을 위한
여행가방 꾸리기

조기 은퇴한 독립생활자의 살림 규모는 얼마나 돼야 적당할까? 각자 다르겠지만, 우리가 초점을 맞추고자 하는 점은 우선 아파트 한 채와 현금 20억 '없이' 은퇴하기다. 조기 은퇴하려면 아쉽더라도 손에 쥔 것을 어느 정도는 내려놓아야 한다. 그런 맥락에서 독립생활을 영위하기 위한 '최소한의 살림'을 파악하는 게 중요하다.

우리는 기내용 캐리어 두 개면 두 사람이 2년 동안 여행하면서 살아가는 데 충분하다는 걸 여행을 통해 확인했다. 출국 며칠 전, 캐리어 두 개에 필요한 짐을 모두 싸 놓고도 종민은 믿을 수 없어 했다. 분명 필요한 게 빠졌을 거라며 홀로 몇 번이고 캐리어를 풀어서 짐을 확인하고 다시 쌌고, 여행의 중반까지도 뭔가 빠졌을 거라며 의심의 눈초리를 거두지 못했다. 하지만 우리는 저 멀리 남반구 끝, 파타고니아까지 다녀오는 동안 기내용 캐리어 두 개로 충분했다.

여행가방을 수없이 싸고 풀면서 살림을 줄이려면 세 가지가 중요하는 사실을 확인할 수 있었다. 바로 '총량의 제한', '크기의 소형화', '다양한 용도'다. 기내에 실을 수 있는 캐리어의 중량은 정해져 있다. 이를 넘지 않게 살림의 규모를 제한하고 그 작은 가방에 필요한 것들을 챙겨 넣으려니 가능한 한 작은 물건을 선택해야 했다. 또, 한 가지 용도의 물건이 여러 개인 것보다 기능이 완벽하지 않더라도 여러 용도를 가진 하나의 물건을 챙겨야 했다. 누릴 게 많을수록 지출 비용이 커지는 건 당연해서 위 세 조건을 지키는 것만으로도 자연스럽게 생활비가 줄어든다. 직장 그만두고 떠나는 세계여행은 그야말로

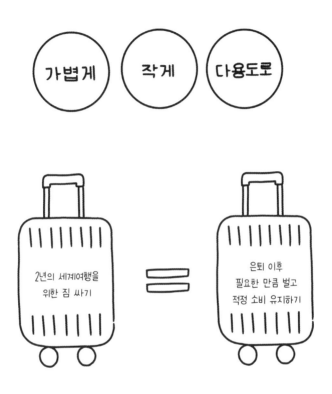

인생 최고의 사치다. 그걸 누리고 있는데 약간의 궁색은 문제될 게 없었다.

여행 내내 필요한 짐이 많지 않다는 사실이 새삼스러웠다. 그동안 필요하다고 생각했던 것들이 어떤 의미였는지 다시 생각했다. 덕분에 은퇴자금에 대한 관점을 바꿀 수 있었다. 적은 돈으로 은퇴가 가능한지 알고 싶다면 장기 여행을 떠난다고 생각하고 여행가방에 넣을 것들을 꾸려 보자. 자신의 욕망의 크기가 고스란히 드러날 테니까.

은퇴를 위해 필요한 자금이 얼마인지 정확히 계산해, 죽는 순간 통장 잔고를 0원으로 만들 수 있는 사람은 아무도 없다. 생의 마지막 시점을 예측할 수 없으니까! 또 전국민에게 걸맞은 '평균' 은퇴자금이란 것도 산출할 수 없다. 사람마다 사는 방식이 다른데 그 평균값이란 게 존재할 리 없지 않은가. 지금까지 '은퇴하고 이렇게 살고 싶다'라는 막연한 미래를 그려 보고 그에 대한 비용을 어림잡아 산출했다면, 이번에는 내게 꼭 필요하다고 판단하는 것만을 기준으로 삼아 생활비를 구하면 어떨까?

먼 미래를 계산하긴 힘들지만 매월 지출하는 생활비의 최소 비용은 각자 충분히 구할 수 있다. 이때 고정 수입이 있던 시절이 아니라 새롭게 시작할 은퇴생활에 기준을 둔다. 앞으로 어떻게 소비습관을 고칠지 설계해 보고 그 생활에 맞춰 최소 비용을 산출해 보는 것이다. 그 뒤에 최소 비용을 평생 유지할 수 있는 방법을 찾으면 자금 계획은 간단해진다. 우리가 2년 동안 세계를 여행할 수 있었던 건 도시마다 컨테이너 하나만큼 짐을 보내서가 아니라 고작 기내용 캐리어 두 개를 들었기 때문이었던 것처럼 말이다.

그렇게 찾은 우리의 은퇴 로드맵은 이랬다.

1   은퇴자금 명목으로 목돈을 마련하기보단 매월 생활하는 데 필요한 최소 비용을 확인한다.
2   즉흥적인 지출을 억제하고 최소 비용으로 일상을 유지하는 습관을 만든다.
3   필요한 최소 비용만큼 수입을 올릴 수 있는 일을 만든다.

충분히 가능하리라 싶었다. 다만 완전한 은퇴가 아니라 약간의 일을 선택해서 할 수 있는 프리랜서 자리나 적은 금액이 꾸준히 입금되는 통장을 가져야 했다. 자기 시간은 충분히 누리면서 생활에 무리가 되지 않는 정도의 노동, 그리고 그 노동으로 벌어들이는 꾸준한 수익.

우리는 이 방식으로 10년 넘게 독립생활을 유지하고 있다. 그런 연유로, 여러 형태의 독립생활 중에서도 이 책이 집중적으로 초점을 두는 부분은 큰 비용이 들지 않는 독립생활이다.

당신이 얼마만큼의 돈을 모은 뒤 은퇴를 선택할지 알 수 없다. 그러나 이미 고정적으로 들어오는 수입을 포기한 당신이라면 지출을 최대한 줄이면서도 삶의 만족도를 잃지 말아야 한다는 점을 재빨리 알아챌 것이다. 이건 그야말로 나의 자존감과 직결되는 문제이기 때문이다.

종민과 내가 한 세계여행은 '한달살기'라는, 당시에는 낯선 여행법이었다. 24개 도시를 논스톱으로 여행했다. 지출을 줄여야 하는 퇴사자에게 여행은 얼핏 피해야 할 낭비처럼 보일 수 있다. 하지만 일주일 단위의 짧은 여행이 아닌 한 도시에 한 달을 머무는 느린 여행 덕분에 우리는 돌아가야 할 현실에서 멀찌감치 떨어져 자기의 시간을 스스로 결정하고 설계할 수 있었다. 다시 말해, 한달살기는 생활습관을 연습해 볼 좋은 기회가 되었다. 뒤이어 자세한 설명을 하겠지만 독립생활자가 되었을 때, 처음부터 다시 설계해야 할 중요한 포인트가 바로 생활습관이다. 우리 역시 여행을 통해 습관의 중요성을 확인하지 못했다면 이 모든 실험에서 실패했을 수도 있다. 2년의 세계여행은 두 사람의 인생을 담보로 한 실험의 서막이었고, 은퇴자금에 대해서 뒤집어서 생각할 수 있는 중요한 계기가 되었다.

습관으로 자기 정체성
확인하기

세계여행을 시작한 뒤, 당연하게도 가진 돈은 점점 줄어들었다. '여행 뒤 우리에게 아무것도 남지 않으면 어쩌지?' 통장 잔고가 줄어든 만큼 사회에서 내가 설 자리도 희미해질 거라는 불안감이 계속해서 우리를 힘들게 했다. (지금 생각해 보면 수중에 돈이 하나도 없다고 해도 나 자신이 사라지는 건 아닌데 통장의 잔고와 나의 존재를 동일시했다는 게 부끄럽다.) 우리는 통장의 잔고가 아니어도 우리의 존재를 밝혀 줄 방법을 찾기로 했다.

　방법을 고민하는 사이에도 우리의 여행은 계속되

었다. 다음 일정을 위해 국경을 넘을 때마다 여권이 필요했다. 출입국관리소 직원은 여권 사진과 내 얼굴을 번갈아 몇 번 보고는 빈 페이지를 찾아 스탬프를 찍었다. 별말은 하지 않았지만 '당신의 신분을 한국 정부가 보장하니 우리 나라에 들어와도 괜찮다'라는 의미였다. 여권을 돌려받으며 '여권으로 나를 증명하듯 일상 속에서 나의 존재를 증명할 방법은 뭐가 있을까?' 고민했다.

종민이 지독한 기록자라는 사실이 떠올랐다. 그는 늘 사진을 찍어 순간을 남기고, 새로운 경험은 짧게라도 기록으로 남겨 둔다. 기록을 하면 휘발되고 왜곡되기 쉬운 기억을 저장할 수 있다. 그래서 종민과 함께 '셀프 여행잡지'를 발행하기로 했다. 그 안에 여행 중 만난 사람, 장소, 음식, 사건을 담았다. 그 온라인 잡지가 책으로 출간된 건 나중에 찾아온 행운이었고, 여행을 기록하는 동안 행복했던 건 무엇보다 기록하며 우리 스스로 마음에 평화와 안정을 찾을 수 있어서였다.

이후로 기록하는 행위는 우리의 제일 중요한 습관이 되었다. 아주 소소한 내용이라도, 갑자기 떠오른 아이디어라도, 너무 잠깐 지나간 장면이라도, 기록으로 남겼다. 그리고 필요할 때마다 그것들을 찾아 활용했다. 비생산적인 시간처럼 느껴지던 나의 일상에도 의미가 있었음을 글 뭉치를 뒤적일 때마다, 사진첩을 들춰볼 때마다 확인했다. 작은 습관 하나가 나를 지탱해 주는 힘이 되어 줬던 거다.

습관은 불안으로부터 우리를
멀리 떨어뜨려 놓는다

출퇴근이라는 루틴을 던져 버린 뒤 반복할 수 있는 습관을 찾아야 할 이유는 다름 아닌 불안에 잠식당하지 않기 위해서다. 만약 여러분이 몸 담고 있던 조직을 떠나 얼마 전까지 누리던 풍요로움을 포기해야 한다면 불안감이 계속 따라다닐 것이다. 우리가 줄어드는 통장 잔고를 보며 느꼈던 것처럼.

나를 증명할 명함이 사라지고, 이전보다 생활이 옹색해지고, 그나마 쥐고 있던 재산이 차차 줄어들면 세상에서 내가 사라질 거라는 두려움이 엄습한다. 미국의 철학자 랄프 왈도 에머슨의 말처럼 미래에 대한 두려움은 앞날을 알 수 없기 때문에 찾아오는 것이다. 이 말을 믿을 수 없다면 조그마한 빛도 소리도 없는 방 안에 홀로 들어가 보라. 내 작은 움직임에, 불현듯 떠오르는 공포영화의 한 장면에, 평소엔 덮어 두었던 과거의 불미스러운 경험에, 시간이 갈수록 두려움의 크기가 커진다. 주변에 여러분을 위협할 존재가 없음에도 말이다. 아주 작은 빛이라도 있다면, 내가 있는 곳을 확인할 수 있다면, 불안은 조금씩 옅어진다. 앞으로 우리에게 습관이 그 작은 빛 줄기 같은 존재가 되어 줄 것이다.

두려움에 갇혀서 지금 하고자 하는 일들을 미뤄 두는 사람이 많다. 큰 걸음을 위해서는 그만큼 거대한 도움닫기가 필요하지만 한 발 내딛는 건 앞만 잘 살펴도 가능하다. 한 발자국 걷듯 잘 정리된 좋은 습관으로 하루하루를 채워 간다면 어느새 여러분은 멀게만 보이던 미래에 도착해 있을 것이다. 그저 좋은 습관으로 여러분의 일상을 채우는 사이, 불안은 사라지고 오늘 하루도 충실히 잘 살았다는 뿌듯함만 남아 있을 것이다.

산뜻한 독립생활을 위한
준비 3단계

좋은 습관도, 단단한 자아도 경제 상황이 받쳐 주지 않으면 흔들리기 마련이다. 우리가 사는 세상에서 돈이란 반드시 필요하니까. 그러나 그게 꼭 아파트 한 채와 현금 20억이어야 하는 건 아니다. 그만큼 없이 30~40대에 조기 은퇴해 자유로운 독립생활자가 되고자 한다면 자신의 생활비 파악부터 시작해야 한다.

버는 건 적고 쓰는 게 많다면 다시 출퇴근 생활로 돌아가야 함은 시간 문제다. 한 달 생활비 규모를 확인하는 과정에서 자신의 고정비 규모가 너무 커서 놀랄 수 있음을 미리 말해 둔다. (쓰는 돈이 너무 없어서 당황스러운 경우는 극히 드물다.) 지금 씀씀이가 크다고 은퇴생활에 돌입할 수 없는 건 아니니 안심해도 괜찮다. 또 비용 설계를 잘했다 해도 은퇴 후 얼마간은 고정비 줄이기에 실패할 수도 있다. 이것도 괜찮다. 처음부터 완벽할 수는 없지 않은가. 설계 오류에 당황하지 말고 실수를 인지하며 조금씩 수정해 가면 된다. 우린 정밀한 작업이 요구되는 교량이나 고층 빌딩을 설계하고 있는 게 아니니까.

1단계: 고정비 파악하기

회사를 그만두면 시간이 많아져 기분은 좋다. 그러나 월세, 대출, 학비, 보험료, 각종 공과금, 그리고 생활비까지…… 아무 생각 없이 월급이 들어올 때처럼 고정비를 지출하다 보면 통장 잔고가 봄바람에 흩날리는 민들레 홀씨마냥 숭숭 빠져나가는 걸 보게 된다. 이게 바로 고정비의 파괴력이다. 그러니 무엇보다 먼저 고정비를 살펴보자.

고정비라 함은 생활을 유지하기 위해 반드시 지출해야 하는 비용이다. 매달 일정한 금액이 빠져나가는 보험료, 월세와 대출금, 공과금과 교통비, 통신비가 여기 포함된다. 사용량에 따라 변동되는 항목이라도 매월 비슷하게 지출된다면 포함시킨다.

우리 집 고정비는 매달 40만 원 정도다. 성인 두 사람이 생활을 유지하기에 적어 보이는 금액인가? 우리 입장에서는 부족함이 없다. 좀 더 솔직하게 말하자면 이 금액은 지난 몇 년간 이렇게 생활하면서 확인한 우리 자존감의 하한선이다. 그러니까 '저들도 그렇게 사니까 나도 그 정도 규모면 되겠지' 하고 독립생활 초반부터 우리 수준으로 고정비를 낮추진 말길 바란다. 그랬다가 여러분의 자존감이 무너지고 '독립생활은 불행해' 혹은 '괜히 회사를 그만뒀어'라는 생각을 하게 될지 모른다. 각자의 생활 방식이 다르니 반드시 여러분의 자존감을 지킬 수 있는 규모의 고정비를 스스로 확인해야 한다. 은퇴 후 독립생활은 얼마를 모았느냐가 아니라 고정비를 얼마까지 줄일 수 있느냐에 달려 있다.

고정비를 확인하는 과정에서 우리는 이전에 신용

카드로 지출했던 고정비 항목을 모두 '즉시 결제'로 바꾸었다. 다음 달 결제일이 아니라 소비한 즉시 출금이 되도록 말이다. 할부 구매를 좋아했던 종민은 할부 제도를 잘 활용하면 오히려 가계에 부담이 덜 되는 것 아니냐고 물었다. 하지만 할부 거래는 전체 금액을 분할해서 미래의 나에게 부채를 전가하는 일이다. 종민의 만류에도 나는 신용카드 결제를 가능한 한 중단하고 자동이체와 체크카드 사용으로 결제 수단을 변경했다. 이렇게 정리하니 고정적으로 지출되는 항목이 뚜렷해지고 그중 축소할 수 있는 것들이 보이기 시작했다.

자동차에 욕심을 부리지 않으면 유지비와 보험료, 자동차세가 들 일이 없다. 집의 크기를 줄이면 대출금, 냉난방료, 공과금, 세금이 줄어든다. 스마트폰을 구매할 때 약정 할인을 고집하지 않으면, 알뜰폰을 구입하면, 저렴한 요금제를 이용할 수 있고 통신비가 1만 원 이하로 파격적으로 내려간다. 보험은 안정적인 노후를 위해 가입하는 상품이지만 만약을 위한 비용이라고 생각하면 아까운 것도 사실이다.

매달 내야 하는 보험료가 부담돼서 종민과 나는 실비 보험만 유지하기로 했다. 대신 보험료로 들어갈 돈으로 꾸준히 운동을 하고 별도로 노후 병원비를 모아 놓고 있다. 이렇게 1차적으로 고정비 규모를 줄이는 단계를 거쳤다.

그후 고정비를 최대한 단순하게 정리하고 목록을 만들었다. 정리된 내역을 들여다보니 우리 집 고정비는 월세, 통신비, 교통비, 보험료, 공과금이란 총 다섯 개 항목으로 묶였다.

① 월세, ② 통신비, ③ 교통비,
④ 보험료(건강보험, 실비보험),
⑤ 공과금(수도, 전기, 가스, 관리비)

우리처럼 다섯 개면 정리가 되는 심플한 고정비가 있는 반면 주택담보대출, 전세대출, 마이너스 통장, 신용대출 등 금융권으로 빠져나가는 고정 항목을 가진 사람도 있다. 가족 생일선물, 부모님 용돈, 경조사비 등 월급이 있을 때는 부담이 안 되던 고정비 항목도 있다. 또, 월수입이 일정하게 유지만 된다면 추후 재산증식에 활용하기 용이한 고정비 항목도 있다. 그러나 월급이 사라지면 어떤 고정비라도 부담이 되기 마련이다.

은퇴를 희망하지만 직장생활을 놓을 수 없는 이들은 바로 이 고정비의 규모에 짓눌려 있을 가능성이 크다. 고정비가 그만큼 무서운 거다. 고정비를 줄일 수 있다면 어느 정도 안정된 발판에서 독립생활을 시작할 수 있다.

월급이 있던 때의 생활습관을 계속 유지하고 싶겠지만 월급이 없는 지금은 상황이 달라졌다. 은퇴 후 안정적인 생활을 영위하려면 과거에 미련을 두지 말고 다가온 현실에 빠르게 적응해야 한다. 마치 여행지에 도착해서 현지의 질서에 빨리 적응한 사람일수록 여행을 즐길 수 있는 것처럼 말이다.

얼마를 모아야지 은퇴가 가능하냐는 질문에는 답하기 어렵다. 은퇴자금이라 하면 사람들은 생활습관을 전혀 바꾸지 않고, 거기에 남보기 좋은 취미 활동까지 넣어 가며 필요한 비용을 계산해 본다. 하지만 생활습관을 바꾸면 고정비를 줄일 수 있고 20~30억을 모으기에 훨씬 앞서서 은퇴할 수 있다. 대부분의 사람들은 현 상황을 개선할 생각 없이 보기 좋은 목표로만 향하려고 한다. 20~30억 원이 있어야 독립생활이 행복한 것도 아니고, 우리처럼 한 사람이 60만 원으로 한 달을 생활한다고 궁색해지는 것도 아닌데 말이다.

금전적으로 부족할 수는 있지만 시간을 온전히 내 것으로 만들 수 있다는 점은 생각보다 중요하다. 백만장자도 돈으로 시간을 살 수 없다. 은퇴로 그 귀한 시간을 좀 더 일찍 내 곁으로 모셔 올 수 있다.

2단계: 현실에 적응하기, 고정비 줄이기

시간을 가까이 두기 위해 종민과 내가 가장 먼저 받아들인 조건은 자동차 없는 생활이었다. 대도시에서 생활하는 비용은 결코 적지 않다. 그럼에도 대도시에 사는 이유는 인프라 때문이다. 지하철, 버스 등 대중교통이 발달한 도시에서는 굳이 자가용이 필요 없다. 이동을 위한 가용 시간의 범위가 넓은 독립생활자는 대중교통만으로 쾌적한 외출이 가능하다. 출퇴근 시간과 주말을 피해 외출하면 되기 때문이다.

우리가 자동차를 보유하지 않기로 한 건 여러모로 잘한 선택이었다. 자동차는 편리성을 대가로 추가 지출을 만드는 대표적인 물품이다. 자동차를 유지만 해도 보험료, 자동차세, 수리비 등 적지 않은 비용이 들어간다. 자동차를 운행하면 할수록 주유비, 충전비 부담도 커진다. 또한 자동차는 여전히 사치품으로 분류돼 구입할 때 개별소비세와 교육세, 부가가치세를 지불해야 한다. 여기에 더해 크고 작은 교통사고의 위험까지 있다. 이런 이유로 우리는 대도시에 사는 한 차를 사지 않는다는 원칙을 세웠다.

세계여행을 마치고 돌아왔을 때 우리의 통장 잔고는 500원이 안 됐다. 500만 원 아니고 500원이다. 그러니 자동차를 사는 건 현실적으로 어려운 선택이기도 했다. 재정 상황이 나아진 이후에도 우리는 여전히 차를 살 이유를 찾지 못했다. 유지비를 감당할 수 있느냐 아니냐를 따지기에 앞서서 필요할 때 미리 계획을 세워 렌탈을 하거나 공유 서비스를 이

용하는 게 훨씬 나았다. 처음에는 불편했지만 독립
생활자로서 누리는 삶의 여유가 이런 불편에 금세
적응할 수 있도록 도왔다.

　종민과 나는 대비를 제대로 하지 않은 상태에서
독립생활을 시작했고, 그때그때 문제에 봉착하면서
방법을 찾아 나갔다. 그러다 보니 극단적이라고 할
수 있는 생활에 진입하기도 했다. 그런 좌충우돌의
시기를 거쳐 지금 우리는 꽤 만족스러운 하루하루
를 보내고 있다. 같은 독립생활자라도 주거 환경과
생활비의 규모가 각자 다르기 마련이라 무조건 우
리 케이스를 따르지 않길 다시 한번 강조한다.

우리 둘은 고정비 40만 원과 그 밖에 생활을 위해
지출하는 비용을 합쳐 월 1,000달러(약 120만 원)
의 금액으로 한 달을 보낸다. 매해 3개월 정도 외
국에서 체류하는데, 외국에서 쓰는 생활비 역시
1,000달러 수준이다. 해외에서나 한국에서나 두 사
람의 생활비가 그 정도라는 걸 확인하고 나니, 생활
비의 규모를 정할 때 달러를 따르면 좋겠다는 생각
이 들었다. 한달살기를 자주 하는 우리만의 스타일

이다. 여러분도 자신의 상황을 확인하고, 쉽게 설명할 수 있고 쉽게 이해할 수 있는 자기만의 스타일을 만들면 좋겠다.

자신의 고정비를 파악한 후 해야 할 일은 당연히 고정비를 줄이는 일이다. 먼저 통신비 규모를 바꾸는 게 가장 쉽다. 통신 3사의 요금 외에는 선택지가 없던 과거와 달리 지금은 알뜰폰이라는 엄청난 대체재가 있다. 우리는 알뜰폰 통신사 간 경쟁이 시작되었을 무렵 상당히 저렴한 금액대를 찾았다. 지금 사용하고 있는 상품은 '데이터 1기가＋통화 100분＋문자 100건'을 포함하는 월 5,000원의 상품이다. 물론 5G 통신망을 사용하진 못하지만 우리 생활에 그렇게 빠른 연결이 필요한 경우는 없기에 불편함은 없다. 간혹 스마트폰 데이터 양이 너무 적지 않느냐고 묻는 이도 있는데 주로 집에 머무는 터라 한 달동안 1기가의 데이터도 다 쓰지 못한다. 또한 버스에서도 공공 와이파이에 접속할 수 있는 도시에 살고 있으니 혹시라도 데이터가 부족할 일이 없다.

집에 머무는 시간이 길어 유선 인터넷은 반드시

필요했다. 가입할 때 스마트폰 요금제와 연계하면 할인폭이 높아진다고 결합상품을 권유받았는데, 우린 유선 인터넷 상품만 가입했다. 결합상품 요금제는 알뜰폰 요금제와 비교해 6배가량 비싸기 때문에 할인의 의미가 없다. 단독 상품으로 선택한 유선 인터넷 사용료는 월 1만 원 정도다. 통신비는 이렇게 두 명이 2만 원대(유선 인터넷＋휴대폰 요금제)에서 해결하고 있다.

스마트폰은 약정할인을 받지 않고 자급제 모델을 현금으로 구입한다. 약정으로 구입하면 매달 단말기 비용과 함께 이자를 지불해야 한다. 이렇게 통신비를 최소한으로 유지하면서도 우리는 현 상태보다 더 줄이려고 확인하는 일을 잊지 않는다.

다시 말하지만 통신비가 고정비 항목 중에서 가장 줄이기 쉽다. 여기서부터 '스마트폰이 약정 할부라서', '가족 결합상품으로 묶여 있어서', '통신사 멤버십을 많이 사용해서' 등 이런저런 이유에 발목 잡힌다면 교통비, 보험료, 그리고 공과금을 손대는 건 어림도 없다.

3단계: 품위비의 적정선 정하기

고정비 다이어트를 하고 나면 '품위비'가 남는다. 우리 기준에서 '품위비'란 외식비, 의류비, 문화비 등 지출하지 않아도 생계에 문제는 없지만 쓰면 기분이 좋아지는 돈이다. 생활비라 함은 이 품위비와 고정비가 합쳐진 비용이다. 고정비는 생활을 위해 기본적으로 지불해야 하는 비용인 반면 품위비는 써도 되고 안 써도 되는 비용이다. 쓰면 쓸수록 자존감은 높아질 수 있지만 전체적인 지출 규모를 줄이기 위해서는 품위비 중에서도 다음 두 가지를 조심해야 한다.

첫 번째는 카페, 외식, 배달음식 등 돈을 주고 완성된 요리를 구입하는 경우다. 직장을 다니던 여러분은 습관적으로 카페에서 커피를 사 마시고 식당에서 밥을 사 먹었을 가능성이 크다. 이런 작은 소비로 잠시 스트레스를 풀었을 수도 있다. 하지만 독립생활을 하는 여러분은 이제 자신이 할 일을 스스로 정하고 내 시간을 마음껏 쓸 수 있는 자유인이다. 독립생활자의 특권으로, 나를 위해 간단하게라도 건강한 음식을 만들 수 있는 마음의 여유를 꼽을 수 있다. 그 특권을 손에 쥐었음에도 이를 포기하고 익숙한 방식을 선택한다면 너무 아깝지 않을까. 독립생활의 의미도 안 살고 말이다.

자금 설계 관점에서도 불필요한 품위비는 피해야 한다. 매일 카페에서 마시는 4,000원의 커피가 한 달 모이면 12만 원이고, 매일 점심식사로 8,000원을 지불하면 한 달 24만 원이 된다. 작은 금액 같지만 1년이면 커피는 144만 원, 점심은 288만 원이다.

두 번째는 술, 담배 등 보험료 할증의 대상이 되는 품목들에 쓰는 돈이다. 스트레스 안 받으려고, 삶의 여유를 누리려고 은퇴라는 어려운 결정을 했는데 건강 문제로 어려움을 만들 필요는 없지 않은가. 또한 술, 담배는 쉽게 고정비가 되기 때문에 은퇴자금 설계 측면에서도 좋지 않다. 종민 역시 독립생활을 시작하며 금연에 돌입했다. 덕분에 우리의 독립생활은 더욱 만족스러울 수 있었다.

이 두 가지는 존 리 메리츠자산운용 대표가 자신의 저서 《부자 되기 습관》에서 금지하는 항목이기도

하다. 부자가 목표는 아니더라도 길고 긴 독립생활을 해야 하는 이들이라면 귀 기울여야 할 대목이다. (사실 독립생활자도 어떤 부분에서는 부자다. 시간 부자!) 품위비 절약과 함께 고정비를 줄이는 것이 여러분의 안정적인 독립생활을 보장한다는 사실을 잊지 말자. 여기까지 준비할 수 있다면 여러분의 시행착오는 가벼운 꿀밤 정도로 끝날 것이다. 그렇지 않고 어떻게든 되겠지 하고 무턱대고 덤빈다면 야구방망이 풀스윙으로 뒤통수를 맞는 것과 같은 경험을 할 수도 있다.

조정의 시간 없이 자의로든 타의로든 이 세계에 들어서는 것은 무모하다 못해 스스로 낭떠러지로 몸을 던지는 것과 같다. 이는 종민과 내가 몸소 깨달은 사실이다. 우리에게는 독립생활에 관해 말해준 사람이 아무도 없었으니까. 장담하건대 고정비와 품위비만 잘 관리하면 예상했던 것보다 끔찍한 시행착오는 피할 수 있다.

아! 존 리 대표는 여행마저 과감히 포기하고 주식을 살 것을 권한다. 우리는 여행이 삶에 가져다주는 기쁨과 활기를 맘껏 누리고 있기에 여행만큼은 포기하지 마시라고 권한다. 단, 즉흥적인 여행은 삼가야 한다. 1년 중 여행에 할애할 시간과 비용 등을 충분히 계획하고 그에 맞게 여행비를 마련해야 타격을 입지 않는다.

333 규칙으로 지불할 것

독립생활을 위해서는 전반적으로 생활의 리빌딩 rebuilding이 필요하다. 이번 글에서는 매달 생활비를 어떻게 지불해야 좋을지 설명하려고 한다.

인간관계를 재정립하는 시간과 생활비

독립생활자가 된 첫 해에는 시행착오를 겪으면서 내게 필요한 최소 생활비를 알아보는 시간이 필요하다. 독립생활 시작하고 몇 개월 동안은 외부 활동을 최대한 줄이면서 어느 정도까지 생활비를 줄일 수 있는지 확인하면 좋다. 몇 개월 해외로 여행을 떠난 듯한 느낌으로 주변과 연락을 줄이고 자신에게만 집중해 보는 거다. 사교 활동을 중단하고 관계 유지 비용을 제거한 상태에서 온전한 생활비를 확인해 보기 위함이다.

우리는 세계여행을 하는 2년 동안 자연스럽게 그 시간을 가질 수 있었고 의도하지 않았지만 관계의 정리가 이뤄졌다. 쉽게 말하면 그 2년 동안 연락이 없던 사람은 더 이상 만나지 않게 되었다. 그동안 어쩔 수 없이 만나 왔던 관계를 정리하기에 이만한 핑계가 없었다. 그런 측면에서 은퇴를 실행하는 동시에 긴 여행을 떠나는 것도 앞으로 펼쳐질 독립생활을 위해 좋은 선택이다.

관계 정리가 과격하다고 느껴진다면 이렇게 생각해 보자. 모임을 줄이면 줄일수록 당신의 삶이 가벼워질 거라고. 또 만나는 이가 적어질수록 한 사람 한 사람에 더욱 집중하게 되고 관계는 깊어질 거라고. 독립생활을 위해서는 쉽게 말라 버리는 넓고 얕은 관계보다 긴 가뭄에도 마르지 않는 좁고 깊은 우물 같은 인간관계가 필요하다.

물론 우리처럼 과격한 방식이 필수는 아니다. 또한 반드시 인간관계를 재정립해야 하는 것도 아니다. 하지만 그 정도 각오는 필요하다. 삶의 방식이 바뀌면 만나는 이도 달라진다. 그 때문에 상처받는 일도 생긴다. 그러니 미리 준비해 보자는 거다.

현실을 받아들일 준비가 되었다면 '333 규칙'을 제안한다. 생활비 규모를 손쉽게 확인하고 예산 안에서 지출을 감당하기 위한 요령이다. 333 규칙이란, 매월 생활비를 현금 30퍼센트, 체크카드 30퍼센트, 통장 잔고에 30퍼센트로 나눠 보관하는 것이다. 나머지 10퍼센트는 예비비로 남겨 둔다.

30퍼센트는 오프라인에서 현금으로 사용

우리는 주로 시장에서 장을 보거나 슈퍼에서 물건을 구매할 때 현금을 꺼낸다. 한 달간 지출할 현금을 30만 원으로 책정했다면 다이어리에 날짜별로 1만 원씩 끼워 둔다. 한동안 유행하던 생활비 달력을 생각하면 이해하기 쉬울 것이다. 중요한 건 다이어리에 끼워 넣거나 생활비 달력을 준비하는 등의 방식이 아니라 앞으로 한 달간 지출할 현금의 규모를 한눈에 볼 수 있게 해 두는 데 있다. 물론 하루에 1만 원을 다 쓰지 못하는 날도 있고 부족한 날도 있다. 2천 원을 사용하는 날도, 2만 원을 쓰는 날도 있는데, 이럴 땐 앞뒤로 날짜를 조정해 가며 융통성 있게 쓴다. 단, 한 달간 사용할 수 있는 현금 범위인 30만 원을 넘기지 않는다. 이렇게 매일 사용할 현금이 있으면 생활비의 규모를 한눈에 파악할 수 있다.

30퍼센트는 온라인에서 체크카드로 사용

두 번째로 생활비 중 30퍼센트는 체크카드를 통해

온라인에서 사용한다. 계좌이체보다 덜 번거로운 카드 결제 시스템을 이용하는 거다. 우리는 한 달치 식단을 계획하고 대량으로 고등어자반, 생선가스, 김치 등의 식재료를 구입할 때 주로 쓴다. 그 외에 온라인으로 각종 생필품, 문화체육비를 지불할 때 사용한다. 가끔 현금이 부족할 때 체크카드로 결제하면서 예산 범위 안에서 융통성을 발휘하기도 한다. 반대로 체크카드 잔고가 바닥이 났을 때는 현금 예산으로 충당한다. 체크카드의 편리성과 손에 잡히는 현금의 특징을 상호보완하는 것이다.

30퍼센트는 고정비를 계좌이체할 때 사용

통장은 고정비를 위한 준비다. 고정비는 매달 빠져나가는 규모가 비슷하기 때문에 미리 통장에 넣어 두고 자동이체만 신청하면 신경 쓸 일이 없다. 체크카드 결제 통장과 별개의 통장에 매달 고정비를 넣어 둔다. 이 방법이 불편하다면 고정비를 모두 신용카드로 결제해도 좋다. 단, 다음 달 결제일까지 기다리지 말고 '즉시 결제' 서비스를 이용해야 한다.

가장 조심해야 할 신용카드 결제

333 규칙을 지키면서 유의해야 할 점은 현금과 체크카드, 통장 잔고를 주로 이용하고 아주 특별한 경우에만 신용카드 결제 시스템을 이용해야 한다는 점이다. 신용카드 사용은 독립생활자가 경계해야 할 일의 목록 상위권에 해당한다. 물론 현금 사용을 늘리는 일은 번거롭고 까다롭다. 신용카드를 아예 쓰지 않기는 불가능하다. 특히 해외에서는 신용카드 사용이 불가피하다. '333의 원칙'은 이런 환경에 맞서 신용카드 사용 접근성을 낮추기 위해 고안한 우리 나름의 방식이다.

신용카드 사용 자제는 분명히 시대 흐름에 역행하는 일이다. 그럼에도 신용카드 사용 습관을 바꾸라고 하는 건 독립생활을 시작하면서는 여러분의 수입 구조가 완전히 바뀌기 때문이다. 그동안은 매달 들어오는 믿는 구석이 있었고, 할부로, 일시불로, 마음껏 신용카드를 긁었을 테지만 지금부터는 명심하자. 당신에겐 더 이상 카드값을 막아 줄 월급이 없다! 카드 사용으로 부채가 생기면 예상에 없던 자금을 까먹을 수밖에 없다. 더 위험한 건 카드 돌려 막기를 하는 상황이다. 그러니 월급 없이 사는 생활에 안착할 때까지 신용카드 사용을 잠시 미뤄두자.

독립생활을 즐기려는 이들을 가로막는 가장 큰 벽은 역시나 돈이다. 그렇다고 무조건 허리띠를 졸라매야 하는 건 아니다. 이 글에서는 다만 예산 규모를 늘 확인하면서 계획된 소비를 할 수 있도록 '333의 규칙'을 제안할 뿐이다. 그동안 바쁘다는 이유로 돈으로 시간을 샀다면 지금은 정보와 궁리를 통해서 불필요한 지출을 줄여 나가는 게 핵심이다. 월급을 담보로 미래의 나에게 부채를 떠넘기는 신용카드를 경계하자는 것도 같은 이유다. 할부나 대출과 같은 금융부채가 없다면 적은 돈으로 충분히 살아갈 수 있다.

　한동안 종민과 나는 소비를 극단적으로 줄여야 했다. 현금이 넉넉했다면 지금과 같은 생활 패턴을 만들지 못했을 것이다. 결여와 결핍이 꼭 나쁜 쪽으로만 흘러가지 않는다는 것이 이 생활을 하면서 얻은 교훈이다. 333 규칙이 익숙해진다면 여러분도 꽤 괜찮은 비용 설계를 이룰 수 있을 것이다. 또한 지출 규모를 축소하고 생활비 관리만 잘해도 막연한 불안감을 이겨 낼 수 있을 것이다.

실천 노트   가계부를 쓰자

기록을 하지 않으면 인간의 기억은 자기가 유리한 쪽으로 사실을 왜곡한다. 가계부를 쓰면서 꼭 필요해서 살 수밖에 없었다는 현실 왜곡을 막아 보자. 생각지도 않은 과소비를 방지할 수 있다. 매일 체중계에 올라가는 것만으로도 체중을 줄일 수 있다는 연구 결과가 있다. 매일 가계부를 쓰는 것만으로도 생활비 규모를 줄이고 경제적인 살림을 꾸릴 수 있다.

생활에 정성을 들일수록
줄어드는 소비

종민과 내가 10년 가까이 실험하고 있는 이 삶의 방식은 지나온 시간만큼 할 이야기도 많다. 사람들은 우리에게 독립생활 이후 가장 큰 변화가 뭐냐고 자주 묻는다. 뭐 하나 크지 않은 변화가 없다 보니 콕 집어서 답하기 참 어렵다.

이 생활을 시작하면서 내가 만들어 내는 쓰레기에 관한 고민을 하게 되었고 겨울철에 실내 온도를 1도 낮추고 육류 소비를 자제하면 이산화탄소 줄이기에 동참할 수 있음을 인지하게 되었다. 우린 그저 떠나기 쉽도록 짐을 줄였을 뿐인데, 인테리어 개념이 아니라 삶의 방식으로서 미니멀리즘을 실천한다는 얘기도 듣는다.

우리가 퇴사 후 변화를 이야기하면 "아, 그렇군요" 하면서 쩝쩝쩝, 말꼬리를 흐리는 사람도 많다. 아무래도 다른 세상 이야기 같은가 보다. 반대로 "그게 가능해요?" 하고 흥미를 보이는 사람도 있다.

늘어난 시간을 충분히 활용한다

우리가 배달음식을 시켜 먹는 경우는 1년에 손에 꼽을 정도다. 그래서 스마트폰에 배달 앱도 깔려 있지 않다. 어떻게 그럴 수 있냐고 물을 수도 있겠지만, 시간을 내 것으로 만든 독립생활자라면 충분히 가능하다. 특별히 먹고 싶은 음식이 있을 땐 배달을 시키지 않고 직접 매장으로 간다. 종민과 나는 일회용 용기에 담긴 음식보다 주방에서 갓 조리되어 보기 좋게 플레이팅된 요리를 즐기기로 약속했다. 계기가 된 시간들이 있었다.

출퇴근하던 시절에는 음식을 만들 수 있는 여유가 주말밖에 없었다. 결혼 초에는 마트나 전통시장에 가서 함께 장을 보고 재료를 다듬었다. 요리한 뒤 냉장고에 넣어 두면 일주일 저녁식사 거리로 충분했다. 그런데 계획과 다르게 먹지 못하고 버리는 음식이 많았다. 야근이니 회식이니 하면서 집에서 밥을 먹을 기회가 별로 없었던 것이다.

음식을 먹지 못하고 버리는 건 벌 받을 일이라 방법을 바꾸기로 했다. 다음 주에 업무가 바쁠 것 같다 싶으면 밀키트나 반조리 식품으로 냉장고를 채웠다. 그런 식품은 조리하는 데 시간도 별로 들지 않고 유통기한도 좀 더 길어서 낭비하는 음식이 없을 것 같았다. 하지만 마트에서 카트를 밀기 시작하면 카트를 꽉꽉 채우게 되는 걸 막을 수 없었고, 음식 구매량은 줄었지만 공산품 구매 목록이 늘었다. 결국 '마트에 가지 말자!'라는 생각까지 하게 됐다. 그렇게 마트 방문을 줄이니 빈 냉장고 앞에서 더욱 허기가 졌다.

이 순환의 끝은 배달음식이었다. 자주 음식을 시켜 먹었는데, 이번엔 일회용 용기를 버릴 때마다 죄책감이 들었다. 너무 예민한 건가 싶은 생각이 드는, 뭔가 이상한 순환 고리였다. 이런 경험 끝에 우리는 소비습관을 다시 만들기로 했다. 배달음식 이야기를 하다가 소비습관이라니, 너무 건너뛴 감이 없지 않지만 아무튼 이 경험들이 소비습관을 바꾼 동기다. 특히, 마트를 이용할 때는 다음 세 가지에 신경을 쓴다.

마트에서 과소비하지 않기 1.
쇼핑 전에 메모하기

필요한 물품의 목록을 미리 적어 가면 마트에서 필요 없는 물건을 살 확률이 낮아진다. 반복적으로 구매해야 하는 생활용품은 생각보다 한정적이다. 메모하면 확실하게 눈에 들어오는데, 휴지와 같은 생필품과 요리를 위한 조미료, 제철 채소, 달걀 정도에서 크게 벗어나지 않는다. 물론 평소에 즐겨 먹던 찌개나 국이 아니라 불현듯 브라질 전통 요리인 '페이조아다' 같은 걸 만들고 싶은 사람이라면 얘기가 다르겠지만.

사야 할 물건의 목록화는 소비 마찰력을 높이는 좋은 방법이었다. 결제의 즐거움에 앞서서 '과연 이게 필요한가?'라는 고민의 시간을 만들어 준다. 새로 사지 않아도 지금 가지고 있는 재료로 대체할 수 있지 않을까, 이번 주는 냉장고에 있는 음식만으로 보낼 수 있지 않을까, 고민하면서 버리는 음식을 줄일 수 있었다. 실제로 이렇게 살아 보니 우리 집은 일주일에 2리터 정도의 음식물 쓰레기를 버린다.

마트에서 과소비하지 않기 2.
쇼핑카트 사용하지 않기

대형마트 직원들의 인터뷰를 본 적이 있다. 우리 눈에 쏙 들어온 내용은 카트가 크면 고객들이 좀 더 천천히 둘러보며 쇼핑할 수 있는 여유가 생기고, 이것이 추가 구매를 유도할 수 있다는 대목이었다. 또 다른 대형마트 관계자는 크기가 작은 예전 카트로는 상품을 많이 담기 어려웠다며 고객들의 편의를 위해 카트를 대용량화하고 있다고 설명했다.

아무 생각 없이 잡아끄는 카트 하나에도 우리의 소비심리를 자극하는 요소들이 숨어 있다. 쇼핑카트의 크기 변화를 보면 확연히 드러난다. 대형마트의 등장과 함께 국내에 처음 도입된 쇼핑카트의 크기는 83리터였다. 요즘은 쇼핑카트 용량이 180리터급이다. 두 배가량 커진 것이다.

우리가 사고 싶은 물건의 양은 쇼핑카트 크기에 비례한다는 사실을 알고 난 뒤 종민과 나는 쇼핑카트를 잡지 않기로 했다. 쇼핑카트는커녕 플라스틱 바구니도 사용하지 않는다. 손과 가슴을 이용해서 잡을 수 있는 정도의 물건만 구입한다. 이 방법을 이용하면 1+1, 타임 특가, 쿠폰 할인 등의 유혹에서 벗어날 수 있다. 더 이상 물건을 집을 손이 없는데 이게 다 무슨 소용인가. 내 손이 허락하지 않는 물건은 내 것이 아닌 셈이다.

계산한 뒤에는 미리 준비한 장바구니를 이용한다. 혹시나 욕심을 내서 물건을 많이 산 경우, 집에 가는 동안 장바구니 밖으로 삐져나온 물건을 보면서 오늘의 물욕을 후회한다.

물리적인 시간의 제약을 두는 것이다. 마트에 도착해서 타이머를 맞춘 뒤 쇼핑을 시작하면 더욱 스릴 넘치는 장보기를 할 수 있다. 마치 게임을 하듯이 필요한 물건만 잽싸게 사 오는 방식만으로도 물욕을 이겨 낼 수 있다. 이렇게 하기 위해서는 익숙한 매장에서 쇼핑을 해야 한다. 새로운 마트에 가서 물건이 비치된 코너를 찾아 헤매다 보면 구매 목록에 없는 물건도 사게 된다. 대형마트의 전문가들은 우리 같은 사람을 놓치지 않으려고 정기적으로 물건의 위치를 바꾸는 방법을 쓰기도 한다. 이럴 경우에도 메모해 놓은 제품을 찾는 데에만 신경을 쓰면 과욕의 덫에 걸리지 않는다. 목표가 확실하면 비록 헤맬지라도 길을 잃지 않는 것과 같다.

우리는 이제 타이머 같은 물리적인 장치 없이도 시간 안에 필요한 물건만 구입할 수 있는 경지에 도달했다. 소비를 자제할 수 있는 '정신승리의 단계'라고 해도 좋겠다. 생활에서 미니멀리즘을 실천하려면 이 '정신승리'가 바탕이 돼야 하는데, 이는 쇼핑 시간 제약을 통해서 누구나 수행(?)할 수 있다.

꼭 필요한 물건이 생기는 건 어쩔 수 없다. 이때는 그저 좋아하는 물건이 아닌 '아주아주' 좋아하는 제품으로 구매한다. 조금 좋아하면 금방 싫증이 나지만 아주아주 좋아하면 그 지속 시간이 오래가기 때문이다.

나는 운동화와 백팩을 좋아한다. 운동화 이외에 부츠, 힐, 플랫슈즈 등을 사 봤자, 그리고 크로스백, 토트백, 숄더백을 사 봤자 한두 번 사용하고 말 것임을 안다. 그래서 마음에 드는 운동화와 책가방을 제외하고는 다른 제품에 눈길을 주지 않는다. 나 자신에 대해 잘 알아야지만 가능한 소비 패턴이므로 물건을 구매하기 전 스스로 되묻는 시간을 가져 보는 것도 좋겠다. '이건 내가 정말 좋아하는 걸까?', '예쁘다고, 값이 싸다고 사는 건 아닐까?' 소비하기 전 이 질문을 꼭 해 본다.

소비습관의 변화는 종민과 내가 독립생활에서 얻은 가장 큰 수확이다. 부디 이 글을 읽은 여러분은 "아, 그렇군요……" 하면서 말끝을 흐리지 말길.

2부
내 몸과 마음에
집중하는 습관

· ·

직장생활을 끝낸 사람들과 이야기를 나눌 때마다
그들이 힘들어하는 부분이 비슷해 놀라게 된다.
하나같이 갈 곳이 정해져 있지 않다는,
더 이상 소속된 곳이 없다는 사실을 힘들어한다.
정년 퇴직을 한 사람도,
우리처럼 자의로 그만둔 사람도 마찬가지였다.
자의든, 타의든 출퇴근도 루틴이다.
출퇴근 루틴이 사라진 자리에
좋은 습관들을 채워 넣자.

습관은 나만의
공간 확보에서 시작한다

본격적으로 2부를 시작하기 전, 좋은 습관을 실행해 나갈 공간에 관해 이야기해 보자.

TV 없이 사는 나도 가끔은 집 정리를 해 주는 프로그램을 찾아 본다. 사람들이 집을 정리해서 얻고자 하는 게 무엇인지 알고 싶어서다. 방송을 볼 때마다 내 눈길을 사로잡는 건 '아이 방', '아빠 방'을 만들어 주고 싶다는 출연자의 욕망이다. 비단 그들뿐이겠는가. 집에 있는 많은 물건들을 정리해서 동거인을 위한, 혹은 나를 위한 제대로 된 공간을 확보하고 싶다는 바람은 누구에게나 있다.

독립생활자가 된 여러분이 가장 많은 시간을 보내야 하는 공간은 바로 집이다. 여러분이 집에 관한 어떤 욕망을 가지든, 이는 결코 과하다고 할 수 없다. 자금력이 충분하다면 욕망의 크기만큼 평수가 큰 집으로 이사하면 될 일이다. 하지만 이미 자신이 지불할 수 있는 최대치 금액의 집에서 살고 있다면? 평수를 늘릴 수 없을 때 우리는 집에 있는 물건을 줄여 공간을 확보해야 한다. 종민과 나는 두 사람이 늘 공간을 함께 써야 하기 때문에 어려움이 곱절이었다. 때문에 개인 서재가 있거나 따로 사무실을 구해 놓은 이들이 부럽기도 했다.

우선 물건 재배치부터 시작해 보자. 공간 확보를 위한 첫걸음이다.

집은 휴식 이상의 공간이어야 한다

우리는 지금 여러분이 읽고 있는 이 책에 앞서서 《없어도 괜찮아》라는 책을 썼다. 제목에서 알 수 있듯, 적은 소유와 관련한 책이었다. 그 책이 계기가 되어 '미니멀 라이프'란 키워드로 SBS와 KBS의 방송팀이 우리 집을 담아 갔다.

종민과 내가 미니멀 라이프의 세계로 들어선 이유는 간단했다. 집에서 글을 쓰고 공부를 하는 등 주거 목적 이외 사무공간이 필요했다. 사무실을 구하거나 카페를 이용할 수도 있었지만 거기까지 이동하는 시간이 아깝고 비용을 아껴야 했다. 또, 새로운 공간에 적응하는 과정도 비효율적이었다. 이 문제는 휴식만 담당하던 집을 '레이어드 홈'으로 바꾸며 해결할 수 있었다.

지금도 내가 글을 쓰는 공간은 대체로 집이다. 은퇴 이후 독립생활자의 집은 휴식 이상의 공간이어야 한다. 그동안은 일하느라 바빠 겨우 잠만 자던 집에, 먹고 자고 쉬는 공간을 넘어 일도 하고 운동하고 악기를 연주하기도 하는 역할이 부여된다. 독립생활자의 집은 장소 효용place utility이 높은 공간으로 변모해야 한다는 뜻이다. 드디어 우리 재산 중 최고가 항목인 집을 제대로 활용할 기회가 주어진 것이다.

장소 효용을 높일 때 핵심은 영역의 분리다. 수면

과 휴식의 공간, 작업과 생산의 공간, 요리와 창작의 공간을 확실히 해 두면 집에서의 시간을 효율적으로 쓸 수 있다. 상상해 보라. 작업 공간에 TV를 놓으면 주객이 전도되는 상황을 어렵지 않게 그릴 수 있다. 침실에 노트북이 있으면 우리는 충분한 수면 대신 컴퓨터 화면 속에서 무언가를 좇고 있을 것이다. 주방에 책상이 있다면 무언가에 몰두하는 그 순간에도 앞에 보이는 설거지 거리를 걱정하고 있을 확률이 높다. 그런 이유로 공간이 좁아 주방과 작업실을 겸하는 등 한 공간에 두 가지 이상의 기능을 넣어야 한다면 파티션이나 커튼을 통해 공간과 기능을 분리하는 게 좋다.

우리는 이사할 때마다, 공간을 재배치할 때마다, 침실과 작업실의 분리라는 원칙을 지켜 왔다. 방이 두 개 이상일 때는 침실, 작업실의 공간 분리가 어렵지 않았다. 하지만 방이 하나일 때는 거실에서 휴식 공간이라는 기능을 빼고 작업실의 기능을 부여해야 했다. 휴식보다는 작업에 우선순위를 둔 것이다. 40제곱미터에 못 미치는 집이어서 크기가 크지 않고 방의 개수가 넉넉하지 않기 때문에, 물건들의 개수가 더 늘어나지 않도록 늘 주의를 기울였다. 욕망의 크기를 줄이고 장소 효용을 먼저 생각했다. 덕분에 공간을 나눠서 글을 쓰고, 휴식을 취하고, 홈트레이닝을 하고, 피아노를 칠 수 있었다. 집이라서 집중이 안 된다는 말은 핑계에 불과했다.

책상에서 출발해 보자

집 전체를 재배치하는 일이 엄두가 나지 않는다면 책상 하나부터 시작해도 좋다. 지금까지 책상이 옷이나 책들을 어지럽게 쌓아 놓은 거치 공간이었다면 이 물건들만 다른 곳으로 옮겨도 반은 성공한 셈이다. ('정리'에는 과감히 내치는 태도가 중요하지만 시작부터 물건을 버리라고 말하지 않겠다. 정리를 시도하는 이들 중 꽤 많은 이들이 환경 보호를 고민해서든, 물건에 깃든 추억 때문이든, 물건을 집 밖으로 내보내는 걸 힘들어한다는 사실을 알기 때문이다.) 내 책상 확보는 아주 간단할 뿐만 아니라 적은 노력으로도 가능하다. 책상 위에 놓여 있던 모든 것들을 방바닥으로 내려 놓거나 다른 방으로 옮기기만 해도 좋다. 그저 책상 위에 아무것도 놓지 않으면 된다. 책상 위의 짐을 옮겨서 다른 공간이 어지럽혀졌다는 사실은 잠시 잊자. 아주 작은 공간이 깨끗해졌다는 사실에 집중하자. 지금은 고작 책상이라는 작은 공간으로 시작하지만 이 책을 읽는 동안 당신의 일상과 주변이 정리되는 경험을 하게 될 테니까.

책상이 정리가 되었다면 이 공간만큼은 본인의 습관을 위한 장소로 활용해라. 정리된 책상 앞에 앉는 것부터가 새로운 습관 들이기의 시작이다. "집에서는 도저히 집중할 수 없어요" 같은 학창 시절의 핑계를 성인이 된 지금까지 하고 있다면 자신에게 좀 더 엄격해질 필요가 있다.

　우리는 지금 방 전체를 작업 공간으로 바꾸는 게 아니다. 책상 하나로 그동안 하지 못했던 많은 일들을 해낼 수 있다. 아무것도 없는 깨끗한 책상은 마치 흰 도화지 같다. 매일 책상에 앉아 상상의 나래를 펼쳐 보는 것만으로도 좋다.

　내 공간 확보가 책상부터라니 그 시작이 너무 사

소해 보일 수 있다. 공간 확보에 있어서 책상이 아닌 집 전체를 바꾸고픈 욕심 많은 사람도 있을 것이다. 하지만 여기엔 과장이 없다. 모두가 서재를 만들기 위해 큰 집으로 이사 갈 수 없고, 모두가 카페에서 매일 차와 스콘을 옆에 두고 글을 쓸 수 없고, 모두가 자신만의 작업실을 소유할 수는 없다. 책상은 당신이 새롭게 맞이하는 시간을 허투루 보내지 않을 유일한 공간이 되어 줄 것이다. 책상에서 반나절 이상을 보내고도 지루하지 않다는 걸 깨닫는 데 그리 오랜 시간이 필요치 않을 것이다.

TV를 치우고 깨끗한 책상을 놓는다면 그 작은 공간 위에 무한한 자유가 생겨난다. 책상에서 누군가가 시킨 일이 아닌 자신의 욕망을 발현하려면 몇 가지 선행조건이 있다.

1 **책상 위에 아무것도 놓이지 않은 상태가 최적이다**
책상 사용이 끝나면 늘 아무것도 없는 상태를 만들어라. 다만 새로운 습관을 들일 때 컴퓨터처럼 부피가 크거나 무게가 나가는 물건의 경우만 예외로 한다. 그 외에는 책상 위에 아무것도 두지 않는 연습을 해야 한다.

2 **의자만큼은 자신의 능력 안에서 최고 제품을 사라**
의자가 편해야 오래 앉아 있을 수 있다. 우리 집에서 가장 비싼 가구가 바로 이 책상 의자다.

3 **책상은 창과 멀리 배치하자**
창 밖으로 아무리 근사한 뷰가 펼쳐진다 해도 그 풍경을 등질 수 있도록 책상을 배치하자. 책상이 마주 볼 자리로 흰색 벽만 한 것이 없다. 집은 편안한 장소라 눈앞에 이것저것 보이는 것만으로도 신경이 분산될 수 있다. 지금은 연습 단계이니 최대한 변수를 제거해야 한다.

4   **태블릿과 같은 스마트기기는 보이지 않게 두자**
손이 닿는 곳에 놓여 있는 물건은 그만큼 자주
만지게 된다. 손을 뻗어 잡기 쉬운 만큼 당신의
하루도 가볍게 날아간다는 의미다.

주말, 월말의 루틴 만들기 **습관 1**

출퇴근이 사라지면 이동이라는 물리적인 루틴이 없어진다. 이 루틴이 사라지면 반복되던 장소의 변화가 사라지고 덩달아 시간의 경계도 흐릿해진다. 문제는 시간의 경계가 사라지면 매일 똑같은 하루가 반복되는 느낌을 받게 된다는 것이다. 때문에 일부러라도 시간의 경과를 인지할 수 있도록 주 단위, 월 단위의 규칙적인 루틴을 만들 필요가 있다.

매주 토요일이 되면 우리는 평일의 습관들을 내려놓고 집안을 청소하는 데 시간을 쓴다. 물걸레질에 특화된 로봇청소기를 이용해 바닥에 묻은 얼룩을 닦아 낸다. 일주일 동안 쌓인 옷가지와 수건, 테이블보를 세탁기에 돌리고 수건을 교체한다. 그사이 종민은 화장실과 주방에서 묵은 때를 없앤다. 이 구역은 그의 꼼꼼한 성격 덕을 톡톡히 본다. 청소 후 가만히 서서 흐뭇하게 싱크대를 바라보는 종민의 모습을 심심치 않게 만날 수 있다. 화장실은 호텔에 '메이크업 룸' 요청을 한 것처럼 물기 하나 없이 반짝반짝 닦여 있다. 마지막으로 일요일에는 미사 참례를 통해 한 주를 잘 보냈음에 감사하고 또 새로운 일주일을 잘 보낼 수 있길 기도한다. 감사와 기도로 없던 일이 생겨 나진 않겠지만 마음가짐만큼은 달라지니까.

주말 루틴
화장실과 주방 청소,
세탁,
수건 교체,
미사 참례

월말 루틴
침구 교체,
세탁,
칫솔 교체,
달력 교체,
대청소

주말 기분, 월말 기분으로 시간의 흐름을 감지한다

시간 많은 독립생활자가 평일에도 할 수 있는 집 청소를 위해 주말을 이용하는 게 어쩐지 이상한가? 평일은 부지런히 시간표에 따라 생활하고 주말에는 밀린 집안일들을 해내는 것으로 일주일을 마무리하는 것이다. 일상에 큰 변화가 없는 독립생활자라도 주말은 평일과 달리 행동함으로써 기분을 전환할 수 있다. 또 다른 이유는 이렇게 주말을 보내면 외출을 피할 수 있어서다. 직장생활로 바쁜 사람들이 밖으로 나와 소비활동을 즐기는 주말에 우리까지 숟가락 얹을 필요는 없지 않은가. 독립생활자라면 한가한 시간을 이용하자. 요즘 뜨는 거리나 백화점, 쇼핑몰은 평일 낮에 방문해야 여러모로 편리하다.

한 달의 마무리는 몸에 닿는 것들 위주로 변화를 준다. 나는 월초부터 매달 마지막 날을 손꼽아 기다린다. 바로 침구를 바꾸는 날이기 때문이다. 베개, 이불, 침대 패드, 매트리스 커버를 한꺼번에 벗기고 새로운 침구로 바꿔 준다. 이 모든 침구를 한꺼번에 벗겨 내면 세탁기를 두 번, 세 번 돌려야 할 만큼 많은 양의 빨래가 나온다. 우리 집 세탁기는 용량이 작아 번거로움이 이만저만이 아니다. 그럼에도 빳빳한 새 침구를 덮을 생각을 하면 모든 수고스러움이 그저 영광의 상처에 지나지 않는다. 사람에 따라서는 힘들고 번거로운 일이지만 나에게는 그 무엇보다도 즐거운 루틴이다.

그 외에 월 주기로 반복하는 루틴들이 더 있다. 칫솔 교체 시기도 매월 말인데 비싼 칫솔을 몇 개월 사용하는 것보다 일반적인 상품을 한 달 주기로 교체해 주는 것이 좋다고 한다. 또 벽에 걸린 종이 달력을 한 장 떼어 내서 새로운 달을 맞이한다. 근사한 일러스트로 열두 달이 채워져 있는 달력인데 바꿀 때마다 집 안 분위기가 달라진다. 새 칫솔과 멋진 달력 한 장으로 새로운 달을 시작하는 사소함이 기분을 상쾌하게 만들어 준다.

주말, 월말의 루틴을 만들어 두면 좋은 점이 또 있다. 생활하다 보면 하기 싫어 미뤄 두는 일이 생기기 마련인데 이런 일을 주말, 월말의 루틴으로 정착시켜 두면 자연스럽게 이를 행하게 된다. 어쩌다 조금씩 할 수 있는 일을 이렇게 몰아서 하다 보면 더욱 티가 나기 마련이다. 육체적으로 힘들지언정 성취감을 뚜렷하게 느낄 수 있어서 좋다.

우리는 청소와 정리라는 방법으로 루틴을 만들었지만 여러분은 각자의 방법을 찾을 수 있다. 매달 그림 하나를 그리거나, 두꺼운 책을 한 권 읽을 수도 있다. 일정 기간을 정해 놓고 반복적으로 해낼 수 있는 루틴으로 말이다. 단, 다른 사람의 스케줄 등 나 외에 다른 요인에 영향을 받는 루틴이어선 안 된다. 우리의 의지로 힘든 과제를 해결했다는 뿌듯함을 얻어야 하기 때문이다. 그 뿌듯함이 다음 주의 루틴, 다음 달의 정리를 기다리게 만들고, 그 기다림은 시간의 경계를 만들어 준다.

몰입의 습관 습관 2

적막한 상태를 좋아한다. 특히 집중해야 할 때는 음악도 틀지 않는다. 조용해야 몰입도가 높아지는 성향인 것이다. 하지만 둘이 함께 사는 집에서 내가 필요할 때마다 상대방에게까지 적막을 요구하기는 어렵다. 또 적막하다고 늘 집중도가 최고도로 유지되는 것도 아니다. 그래서 가끔은 일부러 소음이 있는 공간을 찾는다. 그중 제일 먼저 선택하는 공간은 도서관이다.

도서관은 침묵을 강요받는 공간이지만 서가에서 책을 뽑는 소리, 사람들의 발걸음 소리, 누군가 딱

딱거리는 볼펜 소리와 같이 약간 신경 쓰이지만 조금만 집중하면 지워 버릴 수 있는 소음들이 있다. 도서관 구석에 앉아 조용히 키보드를 두드리다 보면 깊은 몰입의 상태로 들어갈 수 있다.

조금 소란스러웠으면 하는 날에는 카페에 간다. 특히 카페 오픈 시간의 작은 소음을 좋아한다. 그 시간에 가면 사람들이 대화나 주문을 주고받는 소리가 거의 없다. 주로 둔탁한 소리가 매장을 채우는데 바리스타가 바 테이블 뒤에서 커피머신을 세팅하는 소리, 스팀 빼는 소리, 그날 영업을 준비하기 위해 쇼케이스를 열고 닫는 소리, 그리고 여름철에는 얼음 냉장고를 뒤적이는 소리다. 오픈 준비도 매일 반복하는 루틴이기 때문에 소리들은 일정한 규칙을 지니고 있다. 그 일정한 박자에 산만한 내 마음도 리듬을 타고, 일에 집중하는 모드가 만들어진다. 손님들이 들이닥칠 시간이면 이미 몰입의 단계에 들어가 있어서 다른 소리가 들리지 않는다.

스스로를 몰입의 세계로 안내하는
공간, 음악, 조도에 예민해질 것

매번 몰입에 성공하면 좋겠지만 좀 더 강한 몰입의 도구가 필요할 때도 있다. 그때는 별수 없이 이어폰을 꺼낸다. EDM을 찾아서 틀고 볼륨을 올린다. 클럽에서 흘러나오는 강렬한 반복음이 내 주변의 소음을 막는다. 그러면 귓속에는 비트의 반복만 남아서 장소에 상관없이 집중 모드를 켤 수 있다. 누군가는 몰입을 위해 메트로놈의 규칙적인 똑딱거림을 듣는다고 하던데 나는 EDM 정도는 깔려야 주변과 단절된다. 특히 다프트 펑크Daft Punk의 사운드라면 쉽게 몰입의 단계로 진입할 수 있다. EDM은 최후의 방법으로만 선택한다. 이 방법마저 통하지 않는다면 그날은 손 놓고 놀아야 하니까.

소리 외에 조명으로 몰입의 단계를 조절할 수도 있다. 우리 집은 여름에는 오후 7시, 겨울에는 오후 6시가 되면 커튼을 친다. 해가 지기 전, 미리 자연광을 줄이기 위해서인데 우리는 이때부터 잠잘 준비를 한다. 커튼을 친 다음에는 6000K 정도의 조명을 켠다. 아직 이것저것 할 것들이 남아 있기 때문이다. 매일 반복하는 영어 드라마 시청을 끝내고 그릇과 싱크대 정리, 다음 날 아침에 마실 커피 원두 준비, 내일 입을 운동복을 꺼내놓고 나면 오후 8시가 된다. 이때는 거실과 침실에만 3000K 정도의 전구를 켠다. 거실 전구는 9시가 되면 꺼지도록 타이머를 달아 놨다. 9시 이후에는 침실 조명만 남는데 조도가 아주 낮아서 어둠에 가깝다. 이때가 되면 전구색이 주는 따뜻한 느낌 때문인지 잠이 온다. 자다가 깨서 화장실에 가는 경우도 있는데 이때도 밝은 조명에 잠이 깨지 않도록 변기 옆에 아주 낮은 밝기의 센서등을 달아 놨다.

몰입 단계로 진입하기 위해서 소음과 조명까지도 조절하는 습관은 틈틈이 연습해서 들였다. 이 습관은 수면의 질을 위해서도, 집중력을 높이기 위해서도 필요하지만 엉뚱한 곳에서도 필요하다. 독립생활을 누리다 보면 주변에서 걱정한답시고 "나중에 늙어서 어쩌려고 그래?", "지금은 좋아도 분명히 후

회한다"와 같이 마음 시끄러운 소리를 늘어놓는다. 남들과 다르게 산다는 건 그 자체로 자신의 현실을 자주 의심하게 만든다. 주변의 소란스러움까지 더해지면 자신의 선택이 잘못된 것 같은 생각이 든다. 이럴 때를 위해 자신만의 몰입 단계가 준비되어 있어야 한다. 지금까지는 공부를 위해서 몰입의 방법을 찾았지만 독립생활이 시작되면 자신의 평화를 위해서도 몰입이 필요하다.

내 마음 들여다보기 습관 3

명상 여행을 다녀온 지인 이야기를 들으며 '나도 명상을 좀 해 볼까?' 싶어졌다. 코로나가 발목을 잡기 전 지인 몇 명이 미얀마와 태국으로 명상 여행을 다녀왔다. 듣기로, 명상센터의 하루는 심플했다. 아침 공양 후 명상, 점심 공양 후 또 명상, 그리고 저녁 공양 후 잠자리에 든다. 일련의 과정을 경험한 그이들이 한결같이 하는 이야기는 '마음의 평화 너머 죽음을 성찰하는 계기가 되었다'는 것이다.

짧게는 보름, 길게는 두 달에 걸쳐 명상센터에 들어가 있는 그이들을 보면서 도대체 명상이 왜 필요한지 생각하게 됐다. 그도 그럴 것이 굳이 명상센터에 들어가지 않아도 내게는 일상이 평온함으로 가득 차 있고 내면에 집중할 수 있는 시간이 많다고 생각하고 있기 때문이다.

내 마음의 소리에 귀 기울이는 것도 습관

코로나19 방역 단계가 올라가면서 모든 체육시설이 문을 닫았다. 출퇴근 같던 체육관까지 왕복 2킬로미터의 산책도 함께 사라졌다. 체육관으로 향하던 루틴이 무너지니 처음에는 무얼 해야 할지 막막했다. 마치 집 안에 갇힌 사람처럼 시간을 보냈다. 일주일이 지난 뒤 문을 열고 밖으로 나가 근처 산책로를 걸었다. 우리 동네는 낮은 구릉을 따라 숲길이 나 있는데, 그 산책로를 따라 목적 없이 천천히 발을 내디뎠다. 길은 큰 원처럼 생겨서 동선을 고민하지 않고 걸었음에도 출발했던 곳으로 돌아올 수 있었다. 생각 없이 걷기만 하면 되니 땅에 내딛는 나의 발자국에 의식을 집중할 수 있었다. 마치 잡념을 떨쳐 내는 명상처럼 말이다.

2020년 한 해는 그렇게 걷기와 함께했다. 나중에 '걷기 명상'이라는 게 있다는 걸 알았다. 둥근 원을 그리며 천천히 발을 내딛는 걷기 명상은 집 근처 공원이나 집 안에서도 행할 수 있는 명상법이다. 명상 수련자의 말을 빌자면 생전의 스티브 잡스도 즐긴 명상법이라고 한다. 또 철학자 칸트의 산책도 그 시절에는 단어가 없었을 뿐 명상에 가까웠다고 한다.

명상의 목적은 감정들이 고요하게 흘러가도록 지켜보는 것이다. 현대사회의 속도는 너무 빠르다. 그 속도 속에서 내가 살고 있는 방법이 맞는지, 잘 살아가고 있는지를 얼마나 고민하겠는가. 내면에서 일어나는 일들이 무엇을 의미하는지도 깨닫지 못하고 오늘을 살고 있는 이들이라면 더욱더 명상의 도움이 필요할 테다.

나 역시 나를 위한 시간이 충분한 독립생활자가 되고서야 근원적인 물음을 던질 수 있었다. 물론 바쁜 삶 속에서도 이런 질문을 하는 이도 있다. 하지만 샤워하거나 변기에 앉아 있는 순간을 제외하면 오롯이 자신에 대해 생각해 볼 시간은 충분치 않다. 그리고 화장실 문을 나서는 순간 근원적인 질문은

잊어버리고 다시 일상의 속도에 파묻힌다.

그렇다면 시간이 많은 독립생활자에게 산책이나 명상이란 행위는 불필요한 게 아닌가 싶을 수도 있다. 우리에게 산책과 명상이 필요한 건 우리가 지금 절벽으로 향해 가는 게 아니라 그저 다른 길을 가고 있음을 확인하기 위해서다. 이 삶에 적응하기 전까지 흔들리는 시간이 많을 것이기 때문이다. 전 직장의 동료가 성과급을 받았다는 소식에, 꾹 참고 다녔더니 승진을 했다는 얘기에, 나의 선택을 후회할지 모른다. 산책을 하면서 벚꽃이 피고 개나리꽃이 올라오고 나뭇가지에 여린 잎이 돋는 걸 보고 있으면 그런 흔들림을 이겨 낼 힘이 생긴다. 느릿느릿 산책하면 빨리 가진 못해도 계절이 변하는 건 볼 수 있다. 산책은 물리적 이동에 적합한 속도가 아니라 계절의 변화를 볼 수 있는 속도가 우리에게 더 잘 어울린다는 걸 확인하는 시간이 되어 준다.

지인 중에 명상을 전문적으로 가르치는 선생님이 있다. 내면의 소리에 집중하기만 하면 될 것 같은데 명상을 가르친다는 말이 모순처럼 들릴 수 있다. 하지만 누구나 처음에는 자전거를 배워야 탈 수 있듯이 내면을 들여다보는 명상에도 길잡이가 필요하다.

본격적인 명상을 시작하기에 앞서 걷기 명상을 추천한다. 습관이 되기 전에 가만히 앉아 내 호흡 소리에 집중하다 보면 명상이 아니라 수면에 빠지게 되는 경우가 많다. 그런 면에서 걷기 명상은 앉아서 하는 명상보다 동적이며 명상을 어떻게 해야 할지 도통 모르겠다는 이들이 시도해 볼 만하다.

산책과 걷기 명상은 그 이름만 다를 뿐 우리의 기분을 환기해 준다는 점에서 좋은 생활요법이고 일반 명상과 같은 기능을 한다. 적당히 따스한 햇살에 바람이 솔솔 불어오는 날의 산책이 나의 우울한 기분을 달래 줄 가장 좋은 친구가 되어 준다. 단, 이어폰, 스마트폰 등은 집에 두고 걷는 동안만큼은 오롯이 나에게 집중할 수 있는 환경을 만들어 보자.

산책으로 마음의 평안을 얻었다면, 나에게 집중하는 시간이 습관이 되었다면, 명상으로 더 큰 도움을 얻어 보자. 명상은 내 마음 들여다보기에 좋은 방법이다. 아래는 명상을 도와주는 앱들이다.

1 마보

마보는 '마음 보기'의 줄임말로 국내 최초의 마음챙김 명상 앱이다. 초보자가 쉽게 명상에 닿을 수 있도록 음성 가이드가 도움을 준다. 명상 입문자를 위한 '7일 기초 훈련'을 시작으로 점차 다양한 명상 프로그램을 고를 수 있다.

2 캄Calm

마인드 캠디라는 온라인 게임회사의 운영자가 만든 앱으로 다양한 콘텐츠를 제공한다. 콘텐츠도 사용 목적에 따라 세분되어 있는데 초보자, 내적 안정, 자존감 회복, 스트레스 해소, 자아성찰이 필요할 때 등 심리 상태에 따라 선택 가능하다.

3 릴렉스 멜로디Relax Melodies

새소리, 파도 소리, 빗소리를 더해 나만의 소리를 만들어 낼 수 있다는 점이 릴렉스 멜로디가 가진 장점이다. 이렇게 만든 나만의 소리는 저장해서 언제든 꺼내 들을 수 있다. 소리 만드는 게 귀찮다면 이미 만들어진 믹스를 켜 놓아도 좋다.

읽기의 힘 습관 4

마음이 힘들 때, 들뜬 기분을 가라앉히고 싶을 때 책을 읽는다. 대강당에서 강연을 마치거나 번쩍이는 조명 밑에서 방송 촬영을 하고 난 뒤에 들뜬 기분을 진정시키는 데에는 독서가 최고다. 하루 종일 이불 속에 누워 '이제 그만 일어나야지' 머릿속으로만 되뇌다가 누워 있기도 지긋지긋해지는 때가 있다. 그렇게 컨디션이 영 좋지 않을 때 어김없이 책을 뽑아 든다. 몇 페이지를 넘기면 이내 마음 속 평온이 찾아온다. 독서는 나를 잔잔한 호숫가의 벤치로 데려다주는 순간이동 버튼과 같다.

독립생활은 어찌 보면 외로움과의 싸움이다. '이걸 나 혼자 할 수 있을까?', '도대체 무얼 하며 시간을 보내야 하지?' 싶은 순간이 찾아온다. 소속된 조직이 없는 상태에서 불안감과 싸워야 할 때도 있다. 혼자 보내야 하는 시간은 대체로 행복하지만 '이럴 때 팀원들과 함께였다면……', '이런 부분은 OO 팀에서 처리해 줄 수 있는데……' 하면서 조직을 박차고 나온 걸 후회하는 순간도 생길 것이다. 그때 독서는 여러분이 목표를 잃지 않고 앞으로 나아갈 수 있도록 내비게이션 역할을 해 준다.

다른 습관들이 자아를 성장시키는 디딤돌이 되어 주거나 일상의 균형을 잡기 위한 무게추 같은 역할을 한다면, 독서는 자신을 위로하는 치유의 과정에 가깝다. 모든 정보를 빠르게 얻을 수 있는 시대에 한 글자 한 문장을 읽어 가며 머릿속으로 내용을 상상해야 하는 독서는 느린 정보 습득 방법이다. 하지만 그 느린 속도가 우리를 위로해 준다. 정보를 곱씹으며 따라갈 수 있는 속도가 내게 안정감을 준다. 명상이나 여행도 비슷한 기능을 하지만 마음을 다 잡아야 할 때 나는 먼저 책으로 손을 뻗는다.

1 **하루에 10페이지가 모이면 한 달에 300페이지**
처음 독서 습관을 들일 때는 '언제까지 읽어야지'
마감 기한을 정하는 것보다 읽을 페이지 수를
제한하는 것이 효율적이다. 매일 10페이지씩 읽다
보면 한 달이면 웬만한 책 한 권을 읽을 수 있다.
단, 재미있다고 10페이지 이상을 읽지는 말자.
우리는 독서 습관을 들이기 위한 연습 중이니까.
처음 일주일은 책 표지를 열고 목차만 읽어도
괜찮다. 그동안 책과 먼 생활을 했다면 쉽게 질리지
않도록 아주 작은 행동부터 시작해야 한다.
내 경우는 600페이지가 넘어가는 두꺼운 책을
읽을 때 '매일 100장 읽기'를 목표로 삼는다.
마라톤에서 단번에 42.195킬로미터를 완주하지
못하지만 10킬로미터, 20킬로미터 식으로 목표
지점을 늘려 가다 보면 결국 결승점에 도달하는
것처럼 말이다.

2 **혼자가 힘들다면 여럿이**
한 실험에 따르면 달리기 중 타인의 시선을
느끼면 그 순간부터 속도가 빨라진다고 한다.
누군가의 시선을 느끼면 무의식 중에 속도를
높이게 된다는데, 이처럼 '남의 시선'이 갖는
긍정적인 효과를 독서 습관에 적용해 볼 수 있다.

줌Zoom을 통해 서로의 책 읽는 모습을 공유하는 '독서 집중 타임'을 가져 볼 수 있다. 또 온라인 플랫폼 챌린저스Challengers나 밑미meet me 등을 통해 독서 모임에 참여할 수도 있다. 만약 온라인 플랫폼이 부담스럽다면 집 앞 카페로 시선을 구하러 가면 된다.

3 **책을 읽을 때만큼은 스마트폰은 멀리멀리**
스마트폰으로 커뮤니티 게시글을 볼 시간은 있지만 정작 책 한 페이지 읽을 시간은 못 내는 우리다. 독서 습관을 만들고 싶다면 책 읽는 시간만큼은 스마트폰을 멀리 두어야 한다. '비행기 모드로 해 놓고 옆에 두면 괜찮을 거야' 생각할 수 있지만 눈에 보이면 유혹도 큰 법이다. 그러므로 휴대폰을 무음모드로 전환한 후 옷장 깊숙이 넣어 버리는 용단이 필요하다. 스마트워치도 휴대폰과 함께 알람을 꺼 두자.
독서가 습관으로 정착되기 전까지는 전자책보다 종이책을 권한다. 다만 이동이 잦아 종이책을 휴대하거나 보관하는 데 문제가 있다면 전자책 전용 단말기를 이용하는 게 좋다.

정리의 습관 습관 5

나는 집을 정리하는 일 역시 습관의 일종이라고 생각한다. 정리 습관은 연쇄 작용처럼 이어져 또 다른 습관을 만들어 내곤 한다. 나는 일상이 버거울 때 더 열심히 물건을 원래 자리로 돌려놓는다. 지친 몸을 이끌고 집 안을 정리하는 이유는 사실 단순하다. 힘들고 지친 하루를 매듭짓고 싶은 거다.

　몸은 좀 힘들지만 외출 후 짐을 바로 정리하면 나의 하루는 깨끗한 집으로 보상받을 수 있다. 내 방을 청소할 여유와 에너지가 없는 사람이 어찌 평온한 마음 상태를 가질 수 있을까. 실제로 우울증을 겪고 있는 이들 중에는 물건을 버리지도 정리하지도 못한 채 물건들에 잠식당한 경우가 많다. 청소는 물리적으로는 쉬운 개념이지만 감정적인 상태가 먼저 준비되어야 한다는 점에서 어찌 보면 아주 어려운 작업이다. 그래서 독립생활자에게 정리는 꼭 필요한 습관이다. 정리만 잘하고 살아도 삶이 윤택해진다. 내 마음가짐을 다시 평온하게 만들고 싶다면 우선 자신의 방을 정리해 보길 권한다.

많은 이들에게 간결한 삶의 가이드가 되어 준 책, 《나는 단순하게 살기로 했다》의 저자 사사키 후미오의 두 번째 책 주제가 바로 '습관'이다. 미니멀리스트의 습관 이야기라니, 어쩐지 나와 가깝게 느껴졌다. 저자가 미니멀리즘이란 주제에서 습관에 관한 이야기로 넘어오는 과정이 흥미로워 여기서 나누고 싶다.

미니멀리스트는 삶의 방식과 자기 공간이 간결한 사람이다. 간결함을 위해서 정리는 늘 현재진행형일 수밖에 없다. 집은 생활이 이루어지는 공간으로 매 순간 치우지 않으면 쉽게 어질러진다. 물을 한 잔 마셔도 컵을 닦아야 하고, 침대에 누웠다 일어나면 침구를 정리해야 한다. 집에서 모든 움직임은 정리를 수반한다. '자, 이제 모든 짐들을 정리했으니 더 이상 노력은 필요 없겠군.' 이렇게 생각하는 미니멀리스트는 없을 것이다. 오히려 이들은 '어지럽힘'과 '정리'를 동일시하는 사람이라는 사실을 알아야 한다. 필요를 다한 물건은 주저하지 않고 정리할 수 있어야 한다. 사사키 후미오도 그렇게 정리 습관에 주목하기 시작했다고 한다. 어수선한 집에서 간결하게 살 수는 없는 노릇이니까.

미니멀리스트의 관점에서 보면 물건은 사용함과 동시에 역할을 다한다. 우리 집에 놀러 오는 지인들은 방금 사용하고 내려놓은 물건이 순식간에 원래 자리로 돌아가 있는 모습을 보며 "어떻게 물건을 치우는 행동이 그리 재빠르냐"며 경탄하곤 한다. 마치 물건과 물건의 자리 사이에 보이지 않는 고무줄이라도 달아 놓은 것 같다고. 미니멀리스트는 손이 빠르다.

'쓰고 난 물건 제자리에 놓기'는 정리 습관을 위한 첫 번째 행동지침이다. 일과 후 지친 몸을 이끌고 집으로 돌아오면 누구나 손 하나 까딱하기 싫다. 허물 벗듯 내 몸과 분리된 옷은 현관 근처나 소파에 아무렇게나 놓인다. 그나마 옷장 근처 어디에 벗어 놓으면 사정이 나은 편이다. 가방이 테이블 위에 널브러져 있는 것도 흔한 풍경이다. '내일 치우자'라고 마음먹어도 사실 다음 휴일까지 원래 자리로 되돌아가긴 쉽지 않다. 피곤하니까 정리의 여유가 생길 수 없고 집은 그렇게 정신없는 내 마음 상태를 닮아 가기 시작한다.

정리는 새로운 시작을 위한 준비다. 잘 정리된 집 안에서 갖는 쉼은 오늘 하루도 힘들었지만 끝까지 잘 살았다는 위로와 자기만족을 준다.

버리는 것도 습관

물건을 버리는 것도 정리 습관의 일부분이다. 매일 무언가 필요 없는 물건을 버리는 행위 자체에서 오는 보상도 있다. 필요 없는 것과 필요 있는 것을 구분할 줄 아는 또렷한 사람이라는 인지가 나를 기분 좋게 만든다.

물건을 낱개로 조금씩 정리하면 무엇을 버릴지 고민하는 시간만 길어지고, 정리한 게 티도 안 나고, 피곤하기만 하다. 그런 이유로 나는 정리하고자 하는 이들에게 일주일이고, 보름이고 기간을 정해서 물건을 모두 뒤엎으라고 조언한다. 하루는 냉장고, 다음날은 옷장, 그다음 주는 화장실……. 이렇게 항목을 정해 매일 하나씩 안에 있는 물건들을 모두 꺼내 놓고 한꺼번에 정리해야지 그야말로 티가 난다. 물건의 양에 따라 한 달이 걸릴 수도 있다. 각자 생각하는 만큼의 짐을 덜어 낸다면 우리는 홀가분한 마음 상태뿐 아니라 넓고 쾌적한 공간을 보너스로 얻게 된다.

짐을 덜어 내면서 또 그만큼의 물건을 들이지 않는다면 여기서 두 번째 습관이 만들어진다. 미니멀리즘이 완료형이 아니라 현재진행형 개념이라는 사실이 잘 드러나는 대목이다. 비워진 공간에서 무언가를 해 보기도 전에 또 무언가를 사고 있는 당신을 떠올려 보라. 집은 금세 길에서 받아 온 물티슈와 전단지, 택배 상자, 읽지 않은 책, 약봉지, 영수증 등으로 채워질 것이다. 필요 없는 물건을 사지 않는 습관은 빈 공간을 유지할 뿐 아니라 독립생활자를 위한 소비습관에도 꼭 필요하다.

누구나 간결한 삶의 주인이 될 필요는 없다. 우리 모두가 30대에 파이어족이 될 수 없는 것처럼 말이다. 정리의 습관도 어느 정도는 적성에 맞아야 할 수 있다. 다만 정리가 습관이 되고 나면 깔끔한 호텔을 찾아갔을 때 느끼는 감정과 비슷한 만족을 집에서 누릴 수 있다. 정리가 엄두가 나지 않는다면 깨끗한 집이 가져다주는 무한대의 자유를 미리 상상해 보는 것도 좋다.

나는 이사라는 전환기를 이용해서 미처 정리하지 못한 물건을 치운다. 이사 가기 한 달 전부터 물건 정리로 시간을 온종일 할애하는데, 미니멀리스트인 나조차도 이 정도의 시간이 걸린다. 물건을 줄이다 보면 결국 나를 닮은 물건만 남게 된다. 나를 닮은 물건에 애착이 생기고, 이 틈으로 더 이상 나답지 않은 물건은 들이지 않는 선순환이 생긴다면 여러분도 간결한 삶의 세계에 도착한 것이다.

이사를 간다면 지금 가지고 있는 짐 중 얼마를 버

리고 싶은가? 어떤 사람은 50퍼센트라고 말할 것이고 또 전부 버리고 싶다는 사람도 있을 것이다. 지금 삶에 만족한다며 버릴 게 없다는 답변이 나올 수도 있다. 보통은 현재 가지고 있는 짐보다 적게 가지고 싶을 텐데 딱 그만큼이 자신이 가진 마음의 부채라고 생각하면 좋겠다. 나 역시 지금보다 10퍼센트는 덜어 내고 싶다. 여러분은 지금 어떤 상태인가?

매일 마시는 2리터의 차 습관 6

나는 심각한 지성 피부라 10대 때부터 여드름을 달고 살았다. 피지 분비가 하도 왕성해서 학교에서 하루에 다섯 번씩 세수를 했던 것 같다. (이때 세수를 너무 많이 해서 지금은 씻는 게 귀찮은 건지도 모르겠다.) 20대는 또 어떤가. 내 이름과 얼굴을 기억하는 간호사 선생님과 원장님이 기다리고 있는 단골 피부과도 있었다. 세상에 별로 부러워하는 게 없는 성격을 가졌지만 딱 하나, 피부 좋은 사람에게서는 눈을 뗄 수가 없다.

그런 내가 더 이상 피부 때문에 병원을 찾지 않는

다. 10대 때 관리를 잘하지 못한 탓에 커져 버린 모공과 여드름 흉터 자국은 여전하지만 얼굴빛은 어느 때보다 환해졌다. 가끔은 피부가 좋아졌다는 얘기도 듣는다. 매일 2리터 이상의 물을 4년 이상 마셨더니 내 몸이 이렇게 변했다. 내 경험에 기대 말하자면 꾸준히 차를 마시면, 하루에 2리터의 수분을 섭취하면, 반년 후에는 피부미용이라는 눈에 보이는 보상이 따라온다. 정말이지 이건 8할이 물을 많이 마신 덕분이다.

화장실 자주 가도 눈치 보이지 않으니까

많은 이들이 그렇듯이 나도 식사 전후로 마시는 물이 하루의 전부였다. 차든, 물이든 수분을 많이 섭취하면 몸에 좋다는 얘기는 쉽게 들린다. 하지만 물을 많이 마시면 불편한 점이 한두 개가 아니다. 잦은 수분 섭취가 어려운 이유를 물으면 열에 아홉은 "화장실을 자주 가야 하잖아요"라고 말한다. 회사에서 개미처럼 일해야 하는 우리는 한 시간에 한 번씩 화장실 가기가 매우 송구스럽다. 화장실을 자주 가면 직장생활 중에 눈치가 보인다. 그런 면에서 물 많이 마시기도 독립생활자라서 잘할 수 있는 습관이다.

나도 독립생활을 시작하고부터 몸에 좋다는 물을 마시기 시작했다. 눈치 보지 않고 화장실을 갈 여유도 생겼잖은가! 그렇지만 물은 무색무취. 너무 맛이 없었다. 맹물을 2리터씩 마시는 건 고역이었고, 음료회사들이 왜 물에 감미료를 2프로씩 넣어 파는지 알 것 같았다. 그러다 생각난 게 차였다. 너른 풀밭이 펼쳐진 툇마루에 앉아 처마 밑에 달린 풍경 소리를 들으며 산사에서 맡았던 차향이 생각난 거다. 차는 물보다 맛도 있고, 조용히 앉아서 생각을 정리하기도 좋아 보였다. 그래서 물 대신 차를 마시기 시작했다.

종민이 중국에서 가져온 보이차 한 덩어리로 차 생활을 시작했다. 그가 준 첫 선물이었는데, 차를 손에 쥐여 주며 그는 "만든 지 10년 된 좋은 차"라고 강조했다. 하지만 받으면서 '선물 센스하고는. 어디 봐서 내가 차를 우려 마실 거라고 생각한 거지?' 싶었다. 당시 나에게 시간을 두고 조금씩 마시는 차는 달갑지 않은 선물이었다. 그래도 버리진 않고 찬장에 고이 보관했는데 그 차를 다시 꺼냈을 때는 10년이란 시간이 더 흘러 20년 묵은 차가 되어 있었다.

매우 딱딱해진 보이차를 정과 망치로 깨면서 차의 맛을 알아 가기 시작했다. 편하게 우려 마실 수 있는 전용 찻잔이 있었지만 300밀리리터 용량은 내 호기에 비해 너무 작았다. 그래서 커피포트에 한 움큼씩 넣어 우려내 마신다. 생각해 보라. 매일 2리터의 차를 마시는데 찔끔찔끔 마시다 보면 내리다가 지치지 않겠는가? 누군가는 20년 된 그 좋은 보이차를 마시는 방법으로 적절치 않다고 할 수 있으나 차를 마시는 방법이 단 하나는 아니니까.

건강에 좋은 습관 하나쯤은 누구나 만들고 싶어 한다. 공복이 몸에 좋다며 간헐적 단식을 추천하지만 열여섯 시간 동안 배를 비우는 게 어디 쉬운 일인가. 매일 운동을 하기에는 즐길 거리가 너무 많다. 하지만 고작 매일 물 2리터 마시기라면 독립생활자에게 충분히 해 볼 만한 습관이다. 우리에게 주어질

고통은 그저 화장실을 전보다 두 배쯤 많이 가는 정도이니 못 먹는 것보다, 일부러 근육통을 만드는 것보다, 확실히 쉽다. 그리고 물이 주는 놀라운 보상은 다른 어떤 습관보다 강력하다. 먼저 늘 물로 배가 차 있어 식사 때 과식을 하지 않는다. 또 물을 마시면서 소화가 잘되니 배변활동도 편해졌고, 콜라로 대표되는 가당음료도 마시지 않게 되었다. 가족력으로 당뇨가 있는데 가당음료를 마시지 않게 된 건 엄청난 보상이다.

간헐적 단식 <small>습관 7</small>

페이스북 피드에 '과거의 오늘'이 매일같이 올라온다. 한때 SNS를 열심히 한 결과다. 보고 있으면 별의별 이야기를 다 적어 놓았구나 싶어 부끄러운 순간도 많다. 특히 새로운 습관을 시작할 때 올렸던 글과 사진이 그렇다. 2018년 3월의 나는 이런 이야기를 써 놓았다.

"한 달 동안 4킬로그램을 감량했다. 그리 독하게 뺀 것 같지는 않다. 술을 마시지 않았고 밤에 기름에 튀긴 닭다리를 뜯지 않았을 뿐이다. 무엇보다 저녁 약속이 없었다. 아침, 점심은 간소하게 가정식으로 챙겨 먹되, 밥 한 공기를 두 번(오전 8시, 오후 2시)에 나눠 먹었다. 오후 4시 이후부터는 금식을 하고 다음 날 아침까지 공복 열여섯 시간을 유지했다. 끝으로 운동. 이번에는 죽자 살자 하다가 나가떨어지지 않도록 적당히 하고 있다. 적게 먹고 열여섯 시간 공복을 유지하고 가벼운 운동을 했더니 결과가 이러하다."

SNS에 남겨 둔 민망한 과시 덕분에 간헐적 단식을 시작하던 때가 생각났다. 이제는 간헐적 단식 습관이 완전히 일상이 되었기에 평생 그렇게 살아온 것 같은 기분이지만 적응하기 전까지 배는 좀 고팠다. 허기져서 잠이 들지 못했다고 징징거린 날도 꽤나 많이 보이는데, 그럴 때면 차를 벌컥벌컥 마시면서 허기를 견뎠다는 이야기도 함께 적혀 있다.

　나는 물을 마시면서 버텼는데 종민은 허기를 참는 게 익숙치 않아서 더 힘들어했다. 물 마시기로는 부족하다며 찬장에 있는 참깨를 한 주먹씩 씹어 먹으며 버텼으니까. 견과류와 과일이 있는데도 굳이 비싼 참깨를 꺼내 먹냐고 뭐라 하니 참깨의 고소한 향이 오래가서 다른 것보다 효과가 좋다고 했다. 그 말을 이해할 수 없었지만 종민의 노력을 무시하지는 않았다. 각자의 방식을 찾으면 되는 거니까. 그렇게 4년 가까이 하루 열여섯 시간의 공복 습관을 유지하고 있다. 공복의 경험이 쌓이니 언제 삼시 세 끼를 챙겨 먹었나 싶다.

SNS에는 간헐적 단식을 시작한 이유도 적혀 있었다. 나는 평생 소화불량을 달고 살았다. 많은 사람들이 늦게 잠들 수밖에 없는 이유가 늦은 저녁식사와 과한 섭취량이라고 생각한다. 그때는 나 역시 마찬가지였기에 저녁식사를 하고 난 뒤 소화가 되지 않아 늦게 잠들기 일쑤였다. 또, 아침이면 부은 얼굴의 나를 거울 속에서 마주해야 했다. 나에게 집중할 수 있는 독립생활자가 되고 이 악순환을 고쳐 보고 싶었다. 그래서 찾은 게 간헐적 단식이다. 처음에는 간헐적 단식이란 단어도 몰랐고 그저 해가 지기 전부터 속을 비워야겠단 생각만 했다. 오후 4시부터 공복 상태를 유지하니 저녁 시간에 소화불

량으로 고생할 일도 없어졌고 덕분에 잠드는 게 쉬웠다. 아침에 일어나면 붓기 없는 얼굴도 마음에 들었다.

단식의 습관이 지속되니 또 다른 보상도 주어졌다. 줄어드는 몸무게였다. 저녁 한 끼를 건너뛸 뿐인데 체중계의 숫자가 바뀌었다. 매일 저녁을 푸짐히 먹고 거기에 야식까지 더하던 이들이라면 더욱 드라마틱한 경험을 할 수 있을 것이다. 매일 아침 줄어든 몸무게를 보는 것만으로 간헐적 단식을 1~2개월은 지속할 수 있다. 무언가 꾸준히 하려고 할 때 60일가량의 시간이 중요한데, 이 기간을 넘기면 노력의 단계가 습관의 영역에 도달하기 때문이다.

지금은 몸무게 변화가 거의 없는 정체기다. 하지만 나이가 들수록 자연스럽게 기초대사량이 줄어들고 체중이 늘어난다는 점을 생각하면 내 몸이 더 이상 살찌지 않는 이유는 간헐적 단식 때문으로 보인다. 그것만으로도 감사하다. 그렇기에 간헐적 단식이라는 식사 습관을 지속할 힘을 얻는다.

종민과 나에게 간헐적 단식은 독립생활을 하기에

가능한 습관이었다. 직장생활에서라면 회식에 참여하기 위해, 스트레스를 풀기 위해 저녁식사를 포기하지 못했을 테니까 말이다. 몸이 가벼우니 기분도 상쾌하다. 결국 내 몸에 집중하는 습관 하나가 매 순간을 기분 좋게 만들어 주었다.

1 요즘은 음식을 먹는 장면을 TV, 유튜브 등 영상 매체로 쉽게 만날 수 있다. 먹방 특화 채널까지 있지 않은가. 남이 먹는 걸 보면 그전까지 마음이 없었다 해도 군침이 돌기 시작한다. 간헐적 단식을 하는 동안에는 가능하면 음식 먹는 장면은 피한다. 특히 여행 가서 맛집 찾아다니는 프로그램은 가차없이 외면해야 한다.

2 배달 앱도 지우는 게 좋다. 나쁜 습관도 습관이다. 배고프면 배달 앱을 이용하던 습관이 '배가 고프다 ⋯ 배달 앱을 켠다 ⋯ 먹는다 ⋯ 후회한다'라는 악순환으로 이어진다. 혹여 일시적으로 필요해서 앱을 깔았더라도 이용 후엔 다시 삭제하는 걸 잊지 말자.

3 허기를 참을 수 없을 때 먹을 바나나, 견과류를 챙겨 놓는다. 다른 자극적인 간식은 눈앞에서 치우고 맛이 슴슴한 간식만 옆에 둔다. 단, 간식도 많이 먹으면 살이 찐다. 허기를 견딜 수 없는 극한의 상황에서만 먹도록 하자. 체중이 늘어나는 이유 중 하나가 간식 때문이라는 걸 잊지 말자.

4   간헐적 단식을 시작한 뒤 한두 달 정도는 저녁
약속, 술자리를 만들지 않는다. 습관이 만들어
지지 않은 상태에서 변수가 찾아오면 평상시보다
더 쉽게 무너진다. 그 한 순간만 무너지는 게
아니라 처음의 의지마저도 사라진다. 굳은 결심을
했더라도 언제든 예전의 나로 되돌아갈 수 있다.

비육식 지향 습관 8

20대에는 고기가 없는 밥상은 생각도 안 했다. 30대 무렵에는 고기를 굽는 게 먹기 제일 편했다. 입에 넣을 고기라면 치킨, 육회, 족발을 가리지 않았고, 조리 방법도 튀김, 구이, 탕 상관없이 반가웠다. 고기라면 모두 맛있으니까. 미역국은 소고기 양지로 국물을 우려야 하고, 된장찌개에는 차돌박이를 넣어야 제대로 된 맛이라고 생각했다. 직장생활을 하면서 점심시간에 돈가스, 제육볶음, 뚝배기불고기가 메뉴인 식당들에 주로 갔는데 그곳들은 가격도 저렴하고 회전율이 빨라 줄도 길지 않았다. 매 끼니

육류와 함께하다 보니 고기 없는 식사 후에는 뭔가 부족하다는 기분이 들곤 했는데, 그런 날에는 퇴근 후 회식 메뉴로 고기를 먹었던 것 같다.

여행 중에도 고기와 함께했다. 가성비 좋고 후기가 괜찮은 요리는 대부분 스테이크, 바비큐와 같이 구운 고기였다. 파리에서는 돼지고기, 이스탄불에서는 양고기, 부에노스아이레스에서는 소고기가 우리의 주된 양식이었다. 아! 피렌체에서는 곱창버거를 참 많이도 먹었지. 직접 요리하기도 편했다. 현지 마트나 시장에 들러 그 지역 육류를 사다가 프라이팬에 구워 소금이랑 후추로 간을 하고 허브를 조금 뿌리면 근사한 한 끼를 먹을 수 있었으므로. 그런 나의 식탁 위에 고기보다 채소가 놓이는 횟수가 늘어나고 있다.

어느 날 우리 집에 종종 놀러 오는 지인이 채식을 시작했다고 말했다. 와인 안주로 내놓은 살라미를 비롯해서, 초리소, 무엇보다 치즈를 참으로 좋아했던 사람이다. 안주들이 고스란히 말라 가는 모습을 보면서, 채식을 선택한 다른 이들 앞에서는 한 번도 꺼내 보지 못한 질문을 던졌다.

"도대체 이유가 뭔가요?"

지인은 대답 대신 몇 개의 다큐멘터리를 소개해 줬다. 영상을 보면서 서서히 내 생각도 바뀌어 갔다. 고기 없는 식탁도 나쁘지 않구나.

생각은 그렇게 바뀌었지만 실천을 하게 된 데는 내 몸을 위한 이기적인 이유가 더 컸음을 인정해야겠다. 해가 지날수록 고기를 먹은 뒤 소화가 예전 같지 않다. 솔직히 말하자면 소화가 잘 안 되니 고기를 피하게 된다. 20대에 고기를 줄이라고 했다면 귓등으로도 듣지 않았을 것이다. 하지만 40대의 나에게 비육식은 생의 시간이 적잖이 흘렀다는 사실처럼 어쩔 수 없이 적응해야 하는 현실이다. 물론 환경을 생각하는 마음, 공장식 사육 반대, 지나친 육류 섭식 자제와 같은 이타적인 이유도 있다. 하지만 뭐니 뭐니 해도 내 몸이 제일 중요해서 선택했음을 인정한다.

비육식을 지향하고 있지만 비건_{vegan}은 버겁다. 그래도 집에서 하는 식사만큼은 고기를 피한다. 대부분의 끼니를 집에서 때우니 앞으로 남은 생의 80퍼센트가량은 육류가 없는 식사를 하게 될 것이다. 고기 없는 밥상을 생각하지 못했던 과거에 비하면 엄청난 규모의 축소다. 외식 메뉴로 일주일에 한 번 정도는 닭고기를 선택하고 간혹 라멘과 짜장면을 먹기도 한다. 여행 가서는 현지의 맛을 즐기기 위해서 요리 속에 들어가는 재료에 대한 고민은 잠시 접어둔다. 하지만 고기가 들어간 음식을 먹은 뒤엔 반드시 '속이 부대낀다'는 의미를 실감한다.

고기를 즐겨 먹는 것도 일종의 식습관이고, 이 또한 내 몸을 위해 바꿀 수 있다. 이것이 미트 러버_{meat lover}였던 내가 내린 결론이다. 사실 고기를 줄이는 습관이 건강에 어떤 도움을 줄 수 있는지 잘 모르겠다. 전문가의 말에 따르면 동물성 기름의 섭취를 줄이면 혈액 내 콜레스테롤 수치가 낮아지고 피가 맑아진다고도 하고, 채식 위주의 식단을 통해 체중을 줄일 수 있다고 하는데, 나에게는 그런 눈에 보이는 수치가 없기 때문이다. 대신 다큐멘터리 〈더 게임 체인저스〉에 나의 궁금증을 풀어 준 실험이 있어 소개한다.

운동선수 세 명에게 이틀에 걸쳐 동물성 브리또(육식)와 식물성 브리또(채식)를 제공했다. 일정 시간이 지난 뒤 그들의 피를 뽑아 혈관 내 지방의 양을 확인해 보았는데, 동물성 브리또를 먹은 그룹은 혈장이 탁해졌다. 반면 식물성 브리또를 먹은 그룹의 혈장은 맑아졌다. 혈장이 투명할수록 피가 잘 흐른다고 한다.

아마 나에게 혈장을 검사할 수 있는 도구가 있었다면 매일 수치를 확인하면서 새로운 습관에 대한 보상으로 삼았을 것이다. 그랬다면 좀 더 빨리 습관으로 굳혔을 텐데, 조금 아쉽다. 대신 종민이 두 달에 한 번씩 헌혈을 하고 받아 보는 혈액검사지를 통해 '아, 피 상태가 이렇구나' 짐작만 하고 있다.

여러모로 육식이 반드시 최선은 아니라는 걸 채식 지향의 습관을 들이면서 알게 되었다. 외식을 하면 늘 고기가 들어간 음식을 선택하는 나였는데, 지금은 코다리와 황태가 맛있는 재료라는 걸 안다. 맛과 건강, 그리고 환경을 챙기는 채식 지향이라니 이 얼마나 근사한 습관인가!

다른 사람들과의 식사 자리에서는 비육식을 지향한다고 말하지 않는다. 샤브샤브나 훠궈가 모임의 메뉴일 때도 "고기를 못 먹어요" 말하기보다 채소와 국수만 조용히 집어 든다. 고기가 담긴 육수는 어쩔 수 없다는 쪽으로 생각을 바꾸고 나니 마음이 편해졌다. 그러다가 세심한 상대가 왜 고기를 먹지 않느냐고 물으면 식사가 끝난 뒤 비육식에 대한 생각을 말한다. 다른 이들을 덩달아 고민에 빠뜨리면 나도 스트레스를 받기 때문에 먹는 중에는 의견 피력을 하지 않는다. 조용한 비육식을 지향한 덕분에 꾸준히 할 수 있었다.

운동 습관 9

운동은 새해 결심에 빠지지 않는 항목이다. 연초면 어김없이 늘어나는 헬스장 회원 숫자가 이를 증명한다. 그러나 시간이 지날수록 헬스장은 눈에 띄게 한산해진다. 연말까지 헬스장 다니기를 지속하는 사람이 많지 않다는 방증이다. 실패하는 이유가 뭘까, 한번 들여다보자.

헬스장에 등록해 본 사람이라면 얼마 지나지 않아 헬스장에 가는 걸 포기한 기억이 한 번은 있을 것이다. 물론 누구에게나 이유는 있다. 전날 친구와 늦게까지 술을 마셨거나 운동할 때 사용하는 스마트워치가 갑자기 고장 났거나 지난밤에 잠을 설쳤거나 등등. 수많은 이유로 '오늘은 쉬는 게 좋겠어. 내일부터 하지 뭐'라며 자신을 달랜다. 이런 자기 위안은 실패한 자신에게 상처 주지 않기 위한 보호 본능이다. 일단 작동한 보호 본능은 쉽게 멈추지 않고 우리를 안전한 이불 안에 머물게 한다.

만약 운동이 1순위라면 결과가 달랐을 것이다. 전날 친구와 술자리는 짧게 끝났을 것이며, 고장 난 스마트워치는 벗어 두고 운동을 나갔을 것이다. 운동이 정말 좋다면 지난밤 잠을 설쳤더라도 '오늘은 운동 열심히 해서 푹 자야겠다'는 마음으로 운동화 끈을 묶지 않았을까? '오늘 하루쯤'이라는 생각은 너무 일상적이고 친숙해서 습관 만들기를 방해한다.

운동을 꾸준히 못 한 이유 2.
운동 시간을 정해 두지 않았다

코로나19 직전까지 새벽 수영을 다녔다. 수영장까지 걸어서 왕복 2킬로미터인데 낙엽이 떨어지기 시작하면 최악의 옵션에 대비해야 한다. 한겨울의 수영 말이다. 영하 10도의 아침 공기를 뚫고 차가운 물속으로 뛰어드는 일은 결코 쉽지 않다. 종민은 매일 새벽 일어나자마자 기온을 확인하고는 "지금 나가면 얼어 죽을지도 몰라!"를 입버릇처럼 말했다. 일종의 자기 보호랄까. 그런 그를 어르고 달래서 수영장에 가게 하는 게 한파에 언 몸으로 물속에 들어가는 것보다 더 어려웠다. 매일 아침마다 "오늘은 쉬자"는 종민에게 "가지 않을 이유가 없다" 잘라 말하고 수영 가방을 들쳐 메고 문을 열었다. 그러면 종민도 어깨를 축 늘어뜨린 채 따라나섰다.

　지금은 종민 홀로 새벽 수영을 다닌다. 비가 오나 바람이 부나 새벽 5시 반이면 일어나서 집을 나선다. 그렇게 툴툴거렸지만 습관이 되니 새벽 수영 대신 영어 공부를 선택한 내가 없어도 잘 간다. 습관이 이렇게 무서운 거다.

습관이 되기 전까지 수영장으로 향하는 발걸음은 무거울 수밖에 없다. 때문에 자기 자신의 의지에만 습관을 내맡기는 실수를 범하지 말아야 한다. 좋은 습관은 언제든 과거의 나로 돌아가려는 나쁜 습관에 의해 망가진다. 그런 이유로 내 의지에만 기대지 말고 강제적으로 운동 시간을 정해 둘 필요가 있다.

심리학자 웬디 우드는 저서 《해빗》에서 흥미로운 실험을 소개한다. 3개월 동안 헬스장 신규 회원을 대상으로 운동 패턴을 연구한 실험인데, 운동을 하루 중 언제 가느냐고 조사 대상자에게 물었더니 '매일 아침', '저녁에 일 끝난 후에', '그때그때마다 다르다'로 그룹이 나뉘었다. 3개월 동안 지속적으로 운동을 다닌 사람은 일정한 시간에 맞춰 헬스장에 간 이들이었다. 그때그때 운동 시간이 다르다고 대답한 사람들은 아쉽게도 좋은 습관을 형성하지 못했다. 그러니 '난 앞으로 시간이 많으니까 아무 때나 마음만 먹으면 운동을 할 수 있어'라고 생각한다면 큰 오산이다.

운동을 꾸준히 못 한 이유 3.
나에게 맞는 운동을 찾지 못했다

5년 전, 나는 42.195킬로미터 풀코스 마라톤의 절반 거리를 달리는 하프 마라톤을 완주했다. 모 스포츠 브랜드에서 주최하는 큰 경기에서 딱 중간의 성적을 받았는데, 순위보다 쉬지 않고 끝까지 달린 스스로가 대견했다. 마라톤을 준비한 지난 1년이 감격스럽게 다가왔다. 그런데 이런 시간도 잠시, 다음 날부터 무릎과 발목이 아팠다. 몇 날 며칠 한의원과 정형외과를 다니는 신세가 되었는데, 이때 '부주상골증후군'을 진단받았다. 복숭아뼈 아래에 없어도 되는 뼈가 존재하는 질환이다. 평소에는 잘 모르고 살다가 달리기처럼 발바닥에 압력이 가해지는 운동을 하면 심해질 수 있다고 한다. 이후로 나는 발목에 무리를 가하는 달리기 대신 수영과 요가를 번갈아 하고 있다. 운동이 모두 좋은 건 아니고 내 몸에 맞는 운동이 있음을 알게 된 것이다.

매우 어렵고 가장 좋은 습관인 운동은 비단 우리 몸만 단련시켜 주는 게 아니다. 나는 운동을 통해 일상의 흐트러짐을 통제하는 법을 배웠다. 매일 같은 시간에 일어나 운동을 한다는 건 나의 하루를 내 마음에 따라 움직일 수 있다는 작은 확신을 불러일으킨다. 어떤 날은 기온이 영하로 떨어져도, 비가 억수같이 쏟아져도 질퍽거리는 운동화를 견디며 체육관에 간다. 그런 날이면 다른 수강생들은 오지 않는다는 걸 안다. 코치님과 단둘이 수업을 하고 나면 평소보다 두 배는 더 힘들다는 것도 안다. 하지만 역경을 이겨 내고 수업에 참여한 나 자신이 다른 일들도 잘 해낼 것이라는 믿음이 쌓인다. 사람과의 관계도, 일도, 사랑도 무엇 하나 내 마음대로 할 수 없는 복잡한 세상에서 운동만큼은 확실히 내 통제 아래에 있다.

운동 습관으로 홈트레이닝(이하 '홈트')부터
시작하겠다는 사람들이 있다. 방역의 이유로
홈트가 코로나19 시대의 대세가 되었지만 홈트는
운동 초보자에게 매우 어려운 일이다.
이제 막 운동을 시작하는 단계에서는 공원에서
30분 걷기가 훨씬 수월하다. 뭐든 집에서
시간을 보낼 수 있는 좋은 습관 찾기가 이 책의
핵심이지만, 운동만큼은 집이 아닌 외부 공간에서
시작해야 한다. 운동은 난이도 최상에 속하는 습관
중 하나로, 집에서 혼자 시도했을 때 십중팔구
무너지기 쉽다.

1   잠옷을 운동복으로 갈아입고 운동화 끈을 묶는
     것이 운동의 절반을 차지한다. 일종의 '마음
     다지기'라 할 수 있다. 이런 마음 다지기를
     건너뛴 채로 곧장 운동에 돌격할 수 있는
     사람은 흔치 않다. 특히 여러분의 집에 있는
     트레드밀treadmill이 이미 옷걸이로 전락했거나
     스텝퍼, 훌라후프, 아령 위에 먼지만 폴폴 날린다면
     홈트는 재고하길 바란다.

2   체육관에 가서 운동하기가 여의치 않다면 매일
     같은 시간에 '2킬로미터 걷기', '가까운 산에

오르기'를 제안한다. 단, 매일 같은 시간에 집을 나서야 한다. 시작은 2킬로미터지만 점차 늘려 왕복 5킬로미터를 매일 걷는다면 당신은 무언가를 꾸준히 할 수 있는 사람이 되는 것이다. 운동복으로 갈아입고 운동화 끈을 메고 집을 나서는 것부터 시작이다. 정리하자면 운동의 시작은 바깥에서! 짧은 거리부터! 정해진 시간에!

3부
되고 싶은 사람이
되기 위한 습관

. . . .

우리는 여러 형태의 배움과 함께 살아왔다.
성적을 위한 배움, 돈벌이를 위한 배움 등.
나와 종민은 독립생활자가 되어서야 비로소
삶을 풍요롭게 하는 배움의 영역에 들어설 수 있었다.
그래서 배움을 통해 매일 성장하는 나를 발견하며 기뻤고
미래의 내가 어떤 모습일지
구체적으로 상상하며 설렜다.
그저 지루하고 고될 뿐이었던 배움이
나를 좀 더 나은 인간으로 이끌었다.

외국어 공부 **습관10**

쿠알라룸푸르에서 한달살기를 막 시작하려던 참이었다. 어느 도시에서나 그렇듯이 숙소 주변 식당 중 단골로 삼을 만한 곳을 먼저 찾아 나섰다. 그러던 중 비밀스러운 느낌의 식당을 발견했는데, 이 식당은 특이하게 금요일부터 월요일까지, 일주일에 나흘만 문을 열었다. 하루 영업은 단 여섯 시간. 그런데도 가끔 SNS에 휴무 공지를 올리는 통에 요일과 시간은 물론 SNS도 체크해야 겨우 갈 수 있는 곳이었다. 자고로 단골 식당이라 함은 밥 생각이 나면 주저 없이 헝클어진 머리카락을 질끈 동여매고 찾아갈 수 있어야 하며, 늘 나의 공복 시간에 문을 열고 허기를 책임져 줄 수 있어야 한다는 게 내 지론이다. 그러니 나는 결코 이 식당의 단골이 될 수 없겠다고 생각했지만, 그럼에도 범상치 않은 오너의 마인드를 확인하고 싶었다.

그 비밀스러운 공간의 주인 R과 D는 중국계 말레이인 부부였다. 이들이 운영하는 공간은 긴 테이블 하나가 전부로, 모든 요리를 직접 준비하고 만드는 홈메이드 오가닉 푸드 레스토랑이다. 들어가 보니 비밀스럽다기보다는 소박하고 편안한 친구 집 같은 느낌이었다. 이런 공간에서 손님과 주인의 자연스러운 교감은 필연적이다. R과 D는 외국인이 찾아온 적이 없진 않지만 대부분 쿠알라룸푸르 현지 친구의 손에 이끌려 오는 이들이었고, 우리같이 여행자가 직접 방문한 적은 처음이라고 했다.

제철 재료를 구하러 자주 여행을 다니는 주인장 부부 R과 D는 우리의 '한달살기'라는 여행방식을 흥미로워했다. 서로에 대한 호기심 덕분에 종종 만나며 우리는 함께 쿠알라룸푸르 맛집을 방문하기 시작했다. 같이 식사를 하던 어느 날, 그들이 우리에게 특별한 제안을 했다. R과 D의 식당은 단골 손님을 대상으로 비정기적으로 모임을 여는데, 우리를 위해 자리를 만들 테니 한달살기라는 여행방식을 쿠알라룸푸르 사람들에게 소개해 보라는 거였다. 이 식당에 단골이 있다는 사실에 한 번 놀라고, 행사 제안에 또 한 번 놀랐다. 도서관과 서점은 물론이고 기업이나 대학 강단에서도 강연을 하는 우리였지만 그동안은 모두 한국어였다. 영어로 내 이야기를 전한 적은 한 번도 없다. 일상적인 영어회화조차 주저하는 내게 이런 순간이 찾아올 줄이야!

외국인 친구와 이야기하고 싶어서
공부하는 영어는 달랐다

그동안 여행 다니면서 언어는 늘 종민의 몫이었다. 어떤 외국어든 곧잘 따라 하는 종민이 언어를 담당하는 게 나로서는 여러모로 편했다. 역할이 분명해지고 난 뒤부터는 외국어에 한해서는 될 대로 되라는 식으로 손을 놓고 있었다. 무슨 일이 생기면 그저 "종민~"을 외치면 그만이니까. 이번에는 좀 달랐다. 종민이 혼자 감당할 수도 있었지만 나도 말하고 싶었다. 좀 더 많은 사람들과 대화를 나누면 말레이시아 사람들을 더 잘 이해할 수 있을 거라는 욕심이 생겼다. 흔쾌히 제안을 수락했더니 옆에 있던 종민이 오히려 당황했다.

밋업은 그야말로 '어찌어찌' 끝이 났다. 두세 명정도 오겠거니 했는데 식당을 가득 채울 만큼 많은인원이 모였다. 그 분위기에 눌려 종민도 중간에 말문이 막혀서 고생 꽤나 했지만.

언젠가 홍콩에 사는 나의 영어 선생님이 이런 말을 했다. "한국 사람은 영어 공부를 공인 점수를 얻기 위해 배우거나 목적이 있어서 단기간 안에 빨리처리해야 하는 일처럼 인식한다"고. 내가 그랬다. 빨리 성과가 나지 않으니 속이 터져서 매번 문턱을넘지 못했다. 학창 시절에는 시험을 잘 보기 위해서영어 공부를 했다. 단기 목표를 잡고 영어 공부를하다 보니 목표를 이루고 난 뒤에는 더 이상 영어를쓸 이유가 없었다. 우리가 영어를 가장 잘했던 때가언제였는지 떠올려 보라. 수능 볼 때와 취업을 위해 공인시험을 준비할 때가 아니던가. 이후로는 내가 언제 영어를 공부했나 싶을 정도로 영어를 등한시한다. 달달 외웠던 단어들을 서서히 잊어버리면서 살아가는 것이다.

영어 선생님은 또 "홍콩 사람들은 일주일에 두 번 혹은 바쁘면 일주일에 한 번이라도 꾸준히 영어를 공부한다"고 했다. 그리고 무엇보다 "그들은 5년이고 10년이고 영어를 공부하는 걸 자연스럽게 여긴다"고 했던 대목이 인상적이었다. 결국 영어도 습관이 돼야 하는데 그걸 놓치고 살았던 것이다.

쿠알라룸푸르 한달살기 이후 영어를 공부하면서 거창한 목표를 두지 않는다. 그저 영어 공부를 습관으로 만들려고 노력할 뿐이다. 주기적으로 원어민 선생님과 전화 수업을 하면서 대화하는 감을 놓치지 않고, 일주일에 문장 하나를 통으로 외우며 영어로 말하는 방식을 익히고 있다. 한 번쯤 저들이 하는 농담을 알아듣겠지 하는 마음으로 매일 한 편씩 자막 없이 미국 드라마를 보고 있다. 여기에 더해서 영문법은 어떻게 생겼는지 처음부터 찬찬히 들여다

보고, 원서 읽기에 재미를 붙인다. 물론 이 모든 방법을 한꺼번에 시도하는 건 아니다. 두세 달 문법을 공부하고 그게 끝나면 원서를 읽거나 통문장을 외우고, 그다음 분기에는 전화영어를 하는 식이다. 어떻게든 일상생활 속에서 계속해서 영어를 공부하는 습관을 들이는 중이다. 그중 가장 중요한 루틴은 아침에 눈뜨자마자 영어를 공부하는 거다. 이는 습관으로 정착되기 전까지 영어를 모든 일상의 최우선 순위에 놓기 위함이다.

뒤늦게 외국어 공부를 하는 재미가 쏠쏠하다. 외국인과 대화를 할 목적으로 영어를 공부하다 보니, 무턱대고 문법의 명칭을 외울 필요도 없고 시험 출제자의 의도적인 질문에 놀아날 필요도 없다. 재밌지 않았으면 2년 동안 꾸준히 공부하고 있지 못했을 것이다. 이렇게 영어를 공부한다고 하면 내가 대단히 유창하게 영어를 구사하리라 생각할지도 모르겠다. 여전히 외국인과 대화하기가 무섭고 매우 떨리며 자신이 없다. 그런데도 홍콩 사람들처럼 5년이고 10년이고 해 볼 생각이다. 그럼 언젠가는 부끄러움을 떨쳐 내고 외국인에게 100가지 질문쯤은

할 수 있지 않겠는가. 그날이 오면 (정말이지 그런 날이 오면!) 내 입이 자연스레 벌어지지 않겠는가. 물론 백날 공부해도 결국 아무 말도 못 할지도 모르지만 그래도 결과가 어떻든 나는 지금 영어를 배우는 과정 그 자체를 즐기고 있다. 쿠알라룸푸르에서 만난 친구들과 수다를 떨기 위해서 말이다.

참, R과 D의 식당은 더 이상 존재하지 않는다. 수완 좋은 그 친구들은 새 매장에서 새로운 콘셉트로 커피를 팔고 있다.

만약 독립생활자가 되어 새로운 취미 혹은
습관을 가지고 싶다면 외국어 공부를 추천한다.
의무적으로 해야 하는 시험용 공부가 아닐 때,
외국어 공부는 아주 큰 즐거움으로 다가온다.
그중에서도 영어는 온라인 플랫폼을 활용할 수
있는 대표적인 습관 영역이다. 성인 영어 학습을
위한 툴을 소개한다.

1 인터넷 강의형

요즘은 학습지와 인터넷 강의에서도 환급형이
자주 보인다. 시간이 많고 의지가 충분한
독립생활자에게 추천하는 어학 학습 툴이다.
환급형은 수강료를 지불하고 80프로 이상을
수강하면 종강 후 환불해 주는 식이다. EBS
랑www.ebslang.co.kr이나 시원스쿨, 야나두,
가벼운 학습지 등에서 50~100프로의 환급형
수업을 찾아볼 수 있다. 단, 환급형은
공부할 양이 많고 블로그에 매주 혹은
매일 올려야 하는 과제가 있으므로 자신이
공부할 시간을 충분히 낼 수 있는지 파악하고
신청하자.

2　　**과외형**

영어 패키지 상품은 평생 소장할 수 있으며 이것저것 많은 것을 주는 것 같아서 저렴해 보인다. 하지만 내가 공부하지 않으면 돈만 낭비하는 셈이다. 또한 단방향 수업 듣기를 습관으로 만들기 위해서는 상당한 의지력이 필요하다. 그런 의미에서 비용을 조금 더 지불하더라도 매일 수업을 진행하고 과제를 내주는 방식의 '과외형 프로그램'을 추천한다. 하루 공부해야 할 양이 정해져 있는 수업을 찾는 게 좋다. 현재 내가 참여하고 있는 프로그램은 선생님이 카카오톡과 줌, 팟빵을 기반으로 수업을 진행한다. 매일 들어야 할 수업과 제출해야 하는 과제가 있다. 또한 함께 참여 중인 수강생들과 과제 제출 상황 등을 공유해서 학기가 끝날 때까지 열심히 참여할 힘을 얻는다.

3　　**대화형, 교류형**

문법과 영어 표현 등은 잘 알지만 말하는 게 서툴다면 원어민 선생님과 하는 화상 및 전화 수업을 추천한다. 다른 학습 툴보다 시간 대비 가격이 비싼 편이지만 스피킹 연습을 하기에 좋다. 포털사이트에서 '화상영어' 또는 '전화영어'를 검색하면 다양한 업체를 확인할 수 있다.
일반적으로 수강 신청률이 낮은 오전 10시에서
오후 4시 사이에 수업을 들으면 할인이 적용된다.

4 현지 라이브 콘텐츠형

영어 환경에서 아침 루틴을 시작할 동기가
필요하다면 온라인으로 연결된 세상을 활용해
보자. 국가 간 시차를 이용해서 현지에서 진행되는
라이브 프로그램을 듣는 것이다. 아침에 일어나서
유튜브 검색창에 'live online lectures'를 넣으면
현지에서 실시간 진행되는 강좌에 참여할 수 있다.
영어 레슨도 좋지만 역사 수업이나 문화 강좌 등
자신의 관심사에 맞춰 영어 환경에 노출될 수도
있다.

5 참여형 해외 수업

칸아카데미en.khanacademy.org를 통해 초중고
수학, 과학, 읽기 수업을 들으며 차근차근 시작해
볼 수도 있다. 유튜브에는 영어뿐 아니라 다양한
언어 강좌가 무료로 올라와 있다. 'Learn English
with English101.com'을 비롯해 유튜브
채널에서 다양한 언어 수업을 들을 수 있다.
또 다른 방식은 소규모 그룹 수업 참여다. 다른

사람이 사용하는 표현을 듣는 것만으로도 영어 공부에 도움이 되는데 영국문화원 잉글리시 온라인englishonline.britishcouncil.org 같은 소규모 그룹 수업에 참여할 수 있다. 마치 해외로 어학연수 간 것처럼 선생님의 강의에 더해서 온라인으로 연결된 다른 국가의 학생들과 공부할 수 있다는 장점이 있다.

호기심 확장과 유지 습관 11

종민은 알고 싶어 하는 분야도 많고 상식도 풍부하다. 정보를 다양한 곳에 응용할 수 있는 융통성도 있다. 몸치인 나와 달리 리듬도 잘 탄다. 처음 배운 살사댄스도 제법 능숙하게 따라 해서 강사를 놀라게 할 정도였다. 바리스타 자격증을 준비할 때는 물 흐르듯 움직이던 모습에 '이 사람한테 이런 재능이?' 하기도 했다.

두뇌 회전도 제법 빠른가 보다. 최근에 아이큐 테스트에서 꽤 높은 점수를 받았는데 성인 남성 상위 5퍼센트 안에 들어가는 수치라고 해서 놀랐다. 뭐랄까. 매순간 임기응변이 필요한 여행에 최적인 사람이랄까. 다만 이 능력을 가지고 뭔가 배우고 활용하는 건 잘하는데 시험 성적은 영 별로다.

10년이란 시간을 꾸준히 지켜본 결과, '지금부터 당신을 테스트하겠습니다!' 하는 순간 일부러 그러는 게 아닌가 싶을 정도로 실력 발휘를 못 한다. 시험 보는 요령이 없거나 시험장에서 지나치게 긴장해서 그런 듯하다. 실제로 이 사람은 시험이란 방식의 경쟁에 적합하지 않은 부류다. 자신을 증명하는 데는 관심 없고 즐거움에만 반응하는 사람이니까. (자기효능감에 특화된 인간임이 분명하다.) '관우의 적토마'라고 해도 '음, 난 실력을 보여 주기보단 지금을 즐길 뿐인데……'라고 해 버리면 유원지에서 아이들을 태우면서 살 수밖에 없는 거다. (그게 나쁘다는 건 아니다.) 이런 사람은 경쟁 사회에서 한량의 이미지를 떨칠 수 없는데, 독립생활에서는 얘기가 달라진다.

다양한 분야에 호기심을 유지하는 것도 습관이다

종민은 좋아하는 분야는 긴 시간을 투자해도 지치지 않고 계속해서 재미있게 배운다. 놀이하듯 신이 난 아이처럼 말이다. 학교만 아니면 괜찮다는 듯이 이것저것 배운다.

찾아보면 학교 밖에서 다양한 수업이 열린다. 그 배움의 장소도 각양각색이다. 작은 서점에서 이뤄지는 글쓰기 수업, 시민단체나 철학 아카데미에서 진행하는 인문학 수업도 있다. 가죽공예, 꽃꽂이, 마카롱 만들기 등 원데이 클래스로 배움의 경험을 쌓을 수도 있으니, 배움의 방법은 무궁무진하다.

종민은 너무 많은 걸 궁금해한다. 종민의 독서 목록은 한국십진분류법의 000번부터 900번 대까지 지나치게 다양해서 그가 뭔가 배우겠다고 하면 만류하는 게 내 역할이다. 하지만 덕분에 나 역시 오랫동안, 그리고 다양하게 무언가 배우고 있다는 사실을 최근 전화 한 통으로 알게 됐다.

"100시간 이상의 수업을 수료하셨어요. 명예시민

학사학위를 신청하시고 시민석사 수업을 들어보시면 어때요?"

서울시민대학(2013년에 개관한 서울시 평생학습 브랜드다. 인문교양 콘텐츠를 제공하고, 지속적인 배움의 과정을 지원한다.)의 담당자분이 전화로 알려 주셨다. 나도 모르게 "엥! 제가요?" 하는 소리가 튀어나왔는데, 학위를 준다는 사실보다 내가 100시간이나 수업을 들었다는 사실이 신기해서다. 그동안 들었던 수업을 찾아보니 한 우물만 파는 성향인 내가 사회학, 경제학, 역사, 예술, 문학, 미래학 등 다양한 분야를 찾아다녔다. 5년이란 시간에 걸쳐서 꾸준히 영역을 넓혀 온 스스로가 대견하기까지 했다. 그러고 보니 독립생활자가 된 이후로 뭔가 배운다는 행위가 지겹거나 힘들지 않다. 좀 더 과장해서 말하자면 배우는 게 일상이 되었고, 일상을 누군가에게 증명할 필요가 없으니 즐거웠다.

인본주의 심리학자 로저스는 '배움은 인간 성장을 촉진하는 학습과정'이라고 정의한다. 인간은 본성적으로 배움을 통해 성장하고 스스로 깨우치면서 살아간다. 시간이 넉넉한 독립생활자는 배움을 습관으로 만드는 데 큰 어려움을 겪지 않는다. 왜냐하면 쫓기듯 배워야 하는 행위가 아니라면 그것 자체로 즐겁기 때문이다. 다만 배움이 우리의 본성이라 할지라도 초반에는 습관의 힘을 빌려야 한다. 끊었던 걸 다시 시작해야 하기 때문이다.

대부분 학교를 졸업한 뒤 배움의 공백기가 있을 것이고 다시 배움의 루틴을 가지려면 이를 위한 시간 투자가 필요하다. 수업에 가기 위해서는 매주 그 시간을 비워 둬야 하고, '10주 동안 결석 없이 한 학기 수업에 참여하기'를 여러 가지 일상 중 높은 순위에 두어야 한다. 수업에 참여하는 횟수가 늘수록 배움의 즐거움을 다시 발견할 수 있다. 반복되는 수업 참여를 통해 배움을 습관으로 정착시킨다면 이런 말을 스스로 내뱉을지도.

"야, 나도 할 수 있어."

악기 연주 습관 12

사람은 어려운 과제를 극복하면서 자신감 혹은 자기효능감을 쌓아 간다. 악기 연주는 그런 점에서 아주 훌륭한 습관이다.

얼마 전부터 종민과 함께 피아노를 배우기 시작했다. 피아노 초보인 우리는 새 곡을 시작하면 "와! 진짜 어렵다!" 하고 매번 탄식한다. 일정한 시간에 강습소를 찾아가 일주일 내내 같은 곡을 연습한다. 첫날엔 악보를 따라가지 못하던 손가락이 다음 날엔 좀 더 곡에 익숙해지고, 그다음 날엔 곧잘 따라쳐진다. 아이가 젓가락질을 배우듯이 손가락을 하나하나 움직여 겨우 서너 마디를 연주하고 그 서너 마디가 몇 번 더 쌓여 결국 곡 하나를 이루고 나면 다음에 배울 악보가 무언지 궁금해진다.

그러나 코로나19로 피아노를 배우러 갈 수 없는 시대가 도래했다. 피아노의 매력에 흠뻑 빠져 있었는데 피아노 강습이 중단되어 버린 것이다. 그렇게 반년을 기다리고 난 뒤에는 더 이상 손놓고 기다릴 수만은 없어서 디지털피아노를 집에 들였다.

연주하는 시간만은 부정적 감정들을 잊는다

우리는 가능하면 물건을 집에 들이지 않는다. 더구나 피아노처럼 덩치가 큰 녀석은 어떤 이유로든 환영받지 못한다. 그럼에도 피아노를 연주하며 느꼈던 즐거움을 더는 모른 척할 수 없었다. 우리가 들인 디지털피아노는 건반 개수도 68개밖에 안 되고 건반을 누를 때 무게감도 피아노에 비해면 신통치 않지만 연습용으로는 나쁘지 않다.

우리만의 '피아노'가 생겼으니 매일 같은 시간에 앉아서 한 시간씩 연습하기로 종민과 약속했다. 초보에게 쉬운 곡은 하나도 없다. 때문에 꾸준히 반복해야 한 곡을 칠 수 있다. 되든 안 되든 매일 같은 시간에 앉아서 연습을 반복한다. 전날 '아! 안 되겠어' 하고 끝냈던 부분이더라도 다음 날 다시 쳐 보면 한결 수월해진다. 그렇게 조금씩 다음 마디로 넘어가면 된다.

혹자는 피아노 치기를 '손가락을 헬스장에 보낸다'고 표현한다. 손가락 근육이 발달하고 튼튼해지며 움직임이 점점 빨라진다는 의미로 하는 말이다. 사실 손가락은 우리가 컴퓨터 자판을 치거나 휴대폰에 텍스트를 입력할 때, 요리할 때 외에는 잘 쓸 일이 없다. 그렇게 쓸모가 제한되었던 손가락을 자유자재로 쓰기 위해서는 상당한 몰입이 필요하다. 손가락 움직임을 하나하나 신경 쓰면서 단련하다 보면 어느새 나한테도 이런 집중력이 있다는 사실에 놀라게 된다.

우리가 피아노 연습을 좋아하는 또 다른 이유는 건반을 두드릴 때만큼은 세상 모든 근심, 걱정이 사라지기 때문이다. 불과 10분 전까지 마음이 시끄러웠는데 피아노를 치다 보면 그런 부정적인 감정은 사라진다. 노력과 꾸준함의 가치를 일깨워 주는 피아노 연주로부터 우리는 몰입의 즐거움도 덩달아 느낀다.

이렇게 적고 나니 우리가 엄청난 노력으로 제법 피아노를 잘 치는 거 같아 보이지만 전혀 그렇지 않다. 피아노를 시작한 지 얼마 안 된 초심자의 흥분이니 오해하지 말길.

악기가 준비되었다면 이제 선생님을 구할 차례다. 피아노는 독학이 힘든 영역이다. 혼자서 하나의 곡을 주야장천 치기는 가능할지 모르겠으나 매번 새로운 곡을 연습하며 성장하기 위해서는 좋은 선생님이 필요하다. 방문 선생님을 찾을 수도 있었지만 우리가 선택한 방법은 온라인 피아노 독학 앱이다. 안드로이드 구글플레이와 애플 앱스토어를 검색하면 피아노 초보를 위한 피아노 독학 앱이 많다.

1   우리가 사용해 본 앱은 심플리 피아노Simply Piano(구글플레이/앱스토어), 플로키Flowkey(구글플레이/앱스토어), 스쿠브Skoove(앱스토어)다. 각각 장단점이 있는데 우리는 악보와 건반 연주 샘플을 함께 볼 수 있는 플로키를 최종 선택했다.

2   피아노 독학 앱을 고를 때는 1년 구독료(100달러 내외)를 지불하기 전, 앱마다 제공하는 무료 사용 기간을 활용하자. 어떤 앱은 과정이 너무 쉽고 또 어떤 앱은 곡이 마음에 들지 않는 수가 있다. 때문에 무료 기간 동안 직접 사용하면서 자신과 맞는 프로그램을 찾아야 한다.

3　디지털키보드와 전자기기(태블릿, 노트북, 스마트폰) 사이를 MIDI to USB 연결 지원하는 앱이 좋다. MIDI to USB는 유선 연결로 디지털키보드의 신호를 전자기기로 직접 보내는 케이블이다. 내가 누른 건반 신호를 전자기기로 보내 악보에 나온 대로 잘 누르고 있는지 피아노 교육 앱에서 인식한다. 전자기기에 내장된 마이크를 이용할 수도 있지만 인식률이 떨어질 때가 있다. 어려운 곡을 연습하는 중 이런 오류를 만나면 그날은 연습을 포기하게 된다. 습관을 만들기 전까지는 걸림돌을 제거하는 게 좋으니 MIDI to USB 연결 가능 여부도 확인해 보자.

기록하기 습관 13

'몸에 좋은 약은 입에 쓰다'는 속담처럼 자신에게 좋은 영향을 주는 습관은 하나같이 어렵다. 일찍 일어나는 것도 힘들고, 운동도 시작하기 전 매번 갈등 앞에 선다. 그걸 이겨 내야 좋은 습관과 함께 살아갈 수 있다.

나에게도 노력이, 그것도 엄청난 노력이 필요했던 습관이 있는데 바로 '기록'이다. 나는 살면서 꾸준히 기록을 해 본 적이 없다. 아니 솔직히 말해서 기록보다는 머리에 담아 두고 다른 것들에 시간을 투자하는 게 낫다고 생각하는 편이다. 그럼에도 기록하는 습관을 만들려고 한 건 뒤늦게 기억이 불완전하다는 걸 깨닫고 나서다. 종민과 함께했던 일을 종민의 기록과 비교해 보면서 내 기억이 틀렸음을 종종 확인한다.

종민의 기록 습관은 지독하다. 새로 무언가 시작하면 그에 대한 일기를 함께 쓰기 시작한다. 달리기를 하면서 매일의 감각과 루트에 대해서 적어 두고, 수영을 하면서는 개선된 점과 부족했던 부분을 매일 기록한다. 책을 읽으면서 기억하고 싶은 문장이나 자신의 생각을 꼬박꼬박 적고, 여행의 중요한 장면을 사진으로 남겨 둔다. 심지어 우리가 다투고 난 뒤에도 자신의 감정과 왜 싸우게 되었는지를 나 몰래 적어 둔다. 그 외에도 여행 다닐 때 탔던 비행기의 특징, GPS를 이용한 이동 경로 등 그의 기록 집착은 정말 다양한 영역에서 이루어지는데……. 아무튼 이 사람은 나쁜 짓 하면 안 된다. 디지털 포렌식 한 번이면 일상이 낱낱이 드러날 테니까.

종민은 기록을 전혀 힘들어하지 않는다. 가만 보고 있으면 뭐 그리 적을 게 많은지 놀랍다. 기록하는 대신 다른 일에 시간을 투자하면 뭐든 잘할 것

"종민의 수영일기"

9월 9일 목요일

지속 시간 : 28'33
거리 : 1,000m
페이스 : 02'03/100m

1박2일로 여행을 다녀와서
수요일 건너뛰고 오늘은 자유수영.
몸이 무겁다. 체중이 줄고 있는데,
체력도 떨어지는 건가?

9월 10일 금요일

지속 시간 : 48'29
거리 : 1,500m
페이스 : 01'25/100m

오늘은 다이빙.
다리에 쥐나는 것 없이 쑥 입수.
다만, 수영장 바닥까지
쓸고 올라오는 게 문제.
입수 후 바로 몸을 들어 올려야
고칠 수 있는데, 연습이 필요.

9월 13일 월요일

지속 시간 : 39'30
거리 : 1,000m
페이스 : 01'23/100m

월요일 핀 수업. 20분을 배영만 했다.
덕분에 약점인 배영을
충분히 연습할 수 있었다.
핀을 끼고 하면 나도 배영 잘한다고!
그런데, 수영하고 30분이 지나면
체력 부족을 느끼고
허벅지에 쥐가 나려고 한다.

9월 14일 화요일

지속 시간 : 29'33
거리 : 1,075m
페이스 : 01'51/100m

어제 하루 종일 허기짐.
체중도 체지방도 줄었는데,
이 정도 먹고 이만큼 운동해야
살이 빠지는구나.
그런데 매일 이렇게 힘 없이 살아야 하나?
몸은 금방 적응하니까, 괜찮아지겠지?

같다는 생각이 들어 습관을 바꿔 볼 의향이 있냐고 물어봤더니 "기록은 내 안경과 같다"는 대답이 돌아왔다. 과거의 사건이 흐릿하게 보이면 불안하다고.

종민의 불안처럼 지금 내가 잘 살고 있다는 자기 확신을 위해서 우리 모두에게 기록이 필요하다. 특히 불행하다고 느끼거나 불안감이 가득하다면 더욱 그렇다. 이런 자기 확신은 마음만으로는 다잡기가 힘든데, 왜냐하면 우리는 스스로 끊임없이 기억의 오류를 만들어 내기 때문이다. 1년 전 나의 모습을 있는 그대로 바라보기 위해서는 1년 전 내가 쓴 기록에 의존할 수밖에 없다. 비록 주관적인 감정으로 쓴 기록일지라도 스스로가 변화하는 과정이 눈에 띌 것이다. 좋은 변화든 나쁜 변화든 나를 확인하는 과정이 필요하다.

종민처럼은 아니더라도 독립생활자라면 자신의 하루를 돌아보는 성찰의 시간을 규칙적으로 갖는 게 좋다. 매일의 꾸준함, 기록. 두 가지 단어를 생각하면 '일기'라는 형태가 떠오른다. 일기에는 하루 동안 일어난 일 중에 특별했던 사건 혹은 그럴싸한 아이디어, 그도 아니면 은밀한 나만의 생각을 적을 수도 있다. 정 쓸 게 없으면 초등학생들의 일기장처럼 '아침에 일어나 밥을 먹고 똥을 싸고 친구들과 놀다가 잠을 잤다' 하는 식도 괜찮다. 별일 아니더라도 꾸준히 적는 습관이 중요하다. 일기를 쓰기 위해 잠시나마 나의 하루를 되돌아보는 시간을 갖는 것만으로도 의미가 있으니까.

1   **기록이 처음이라면**

'세줄일기'는 우리와 비슷한 시기에 세계일주를
하고 온 부부가 만든 앱이다. 많은 사람들이 여행을
기록하고 싶어 하지만 꾸준히 하지는 못한다는
현실을 반영해 개발한, 매일 딱 세 줄만 써 보는
앱이다. 여행지가 아니더라도 일상의 기록을
충분히 시도해 볼 수 있다. 감사일기를 써 보는
것으로 기록의 첫 발자국을 내딛어 보자.
혹 본인에게 세 줄은 너무 짧다거나 분량 제한을
두고 싶지 않다면 '100일간 일기를 써 보겠다'와
같이 기간을 목표로 세우는 것도 방법이다.
목적지가 선명하게 보인다면 가야 할 길이 그리
힘들지 않을 것이다.

2   **일기를 꾸준히 쓰고 싶다면**

더 길게, 속깊은 일기를 쓰고 싶다면 날짜가 정확히
명시된 일간 다이어리를 준비하자. 기록을 빼먹은
날을 직관적으로 볼 수 있고 페이지에 맞춰 길게
생각을 뽑아 내는 연습을 할 수 있다.
종이 위에 쓰는 것보다 온라인 플랫폼이 편하다면
데이원Day One과 같은 앱을 추천한다. 다이어리를
쓰는 것처럼 날짜별로 텍스트, 사진을 이용해
자신의 일상을 기록할 수 있다. 장소, 기온, 고도

등 다양한 데이터를 추가할 수도 있다. 다이어리 형태에 특화된 데이원보다 자유로운 형태의 기록을 고민한다면 노션Notion, 에버노트Evernote, 원노트Microsoft OneNote를 사용해도 좋다.

3 **기록을 바탕으로 나만의 책을 가지고 싶다면**
브런치는 카카오에서 운영하는 글쓰기 플랫폼으로, 누구나 자신이 쓰는 글을 작품으로 만들 수 있게 도와준다. 등록 과정에서 심사를 거치긴 하지만 많은 출판사의 편집자들이 브런치에 올라오는 글을 눈여겨본다고 하니, 그만큼의 수고를 기울일 만하다. 자신만의 특색 있는 시선과 글감이 있다면 브런치에 도전해 보자. 브런치의 깔끔한 레이아웃은 좋지만 등록 심사 과정이 불편하다면 펜케이크PenCake나 데일리노트 DAILY NOTE와 같은 스마트폰 앱을 사용해도 좋다.

<읽기의 힘>에서 언급한 것처럼 '남의 시선'은 동기부여에 긍정적인 효과를 낸다. 오래된 플랫폼이지만 '네이버 블로그'나 '티스토리'를 통해 꾸준히 기록하다 보면 자신과 생각이 비슷한 방문자와 소통하게 되고, 기록이 힘들어지는 순간 그 방문자들을 보며 위기를 넘길 수 있다.

4부
난관 넘어서기

· ·

힘들게 애쓰지 않아도 반복하는 행위가 됐을 때야말로
습관이라고 부를 수 있다.
때문에 나에게 좋은 습관을 발견했다면
이를 유지하기 위해 애써야 한다.
상황과 환경을 바꾸면서 난관을 넘을 수 있다면
무의식이 지배하는 습관의 영역에 도달하게 될 것이다.

허들 치우기

한동안 나른한 오후 햇살 아래서 잘 구운 크루아상 하나를 먹는 행복을 즐겼다. 새벽에 일어나 외국어 공부를 시작으로 정해 놓은 일과를 차례차례 진행하다 보면 배가 출출해지는 시간이 찾아온다. 적당한 간식거리가 있으면 좋겠다 싶어지는데 때마침 '냉동생지'라는 게 눈에 들어왔다. '빵도 좋아하고 집에 오븐도 있으니 한번 해 먹어 볼까?' 호기심이 모든 문제의 시작이었다.

　냉동생지 frozen dough 란 '보통 반죽보다 낮은 온도에서 반죽해 효모 활성화를 최소화해서 바로 얼린 반죽'으로, 해동하여 간편하게 구울 수 있도록 한 빵 반죽이다. 밀가루 반죽을 밀대로 밀 필요도 없고, 손에 반죽을 묻혀 가며 빵 모양을 잡을 필요도 없다. 그저 냉동실에서 생지를 꺼내면 반쯤 성공이다. 상온에 한 시간쯤 두면 반죽이 숙성된다. 예열된 오븐 안에 숙성된 생지를 넣으면 집 안에 빵 굽는 냄새가 가득 찬다. 타이머가 땡 소리를 내면 노릇노릇하게 구워진 크루아상을 꺼낸다. 조심스레 빵 가운데를 가르면 모락모락 김이 올라온다. 마침내 따뜻한 크루아상 한 조각을 입에 넣으면 "세상 참 좋아졌어" 소리가 절로 나온다.

하지만 영원할 것 같던 이 행복은 그리 오래가지 못했다. 크루아상과 함께하는 오후의 티타임을 즐긴 지 석 달이 되지 않아 바지 단추가 잠기지 않는 비극이 벌어졌기 때문이다.

스무 살 때부터 유지하던 허리 사이즈가 새로 생긴 습관 하나로 달라졌다. 밀도 높은 음식을 매일 먹으면 늘어나는 뱃살을 피할 수 없다. 출출해지는 시간에 맞춰 최소한 집 근처 빵집에라도 갔다면 후회의 시간이 이리 빨리 오지는 않았을 것이다.

후회한다고 늘어난 허리둘레가 줄어들지는 않으니 살을 빼는 방법을 찾기로 했다. 가장 먼저 원인을 찾아 제거하기로 했다. 냉동실 안에 가득한 냉동 생지를 정리했고 집에 있던 과자와 라면도 함께 치웠다. 허리 사이즈를 되찾을 때까지 쇼핑 리스트에 상기 품목을 올리지 않기로 종민과 약속도 했다. 대신 그 빈자리를 바나나, 사과, 그리고 견과류로 채웠다. 자연에서 온 식재료들은 단맛은 적고, 맛도 자극적이지 않다. 먹는 재미는 없지만 그것들로 심심한 입과 허기를 채우는 사이 내 허리 사이즈는 이전으로 돌아왔다.

좋은 습관을 평생토록 유지하면 좋지만 간혹 유혹에 빠질 때도 있다. 그러면 다시 정신을 차리고 무너진 습관을 바로 세워야 한다. 육상 경기장에서 허들을 찾아 정리하는 거라고 생각하면 좋겠다. 습관이 무너진다는 건 습관 유지라는 결승점까지 가는 길에 허들에 걸려 넘어지는 것과 같다.

이번에는 냉동생지라는 칼로리 높은 간식이 허들이었다. 다이어트라는 본 게임에 들어가기 전 코스를 살살 돌아보면서 허들을 몇 개 들어낸 거다. 예전의 간식거리를 그대로 내버려 둔 채 내 의지에만 맡겼다면 '먹을까, 말까'를 수십 번 고민했을 것이다. 나의 의지만으로는 고소한 빵의 유혹을 이길 수 없으므로 문제의 원인을 찾고 그걸 내 주변에서 완전히 제거해 버린다. 눈앞에서 모두 없애 버렸기 때문에 고민할 거리조차 없게 된다.

우리의 습관 교정은 이런 식으로 이루어진다. 아무리 노련한 사람이라도 좋은 습관을 놓칠 수 있음을 인정한다. 습관에 도달하기 전 넘어졌다면, 허들을 찾아 정리한다. 그리고 출발선에 처음 선 것처럼 다시 습관 들이기를 시작한다면 좋은 습관을 제자리에 돌려놓는 데 오랜 시간이 걸리지 않는다. 누구나 습관 정착 과정에서 실패할 수 있다. 그러니 그때 두려워할 것은 넘어짐이 아니라 허들을 찾지 못하는 상황임을 기억하자.

"다이어트를 방해하는 허들을 치우자!"

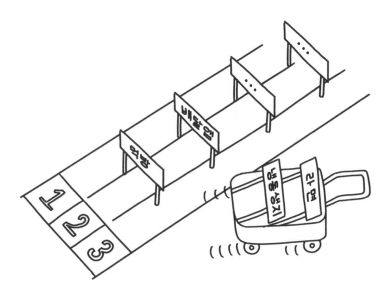

마찰력 높이기

냉동생지 사건을 통해 앞으로는 좀 불편하게 먹어야겠다고 결심했다. 우선, 식사 시간을 정해 규칙적으로 먹기로 했다. 냉동 조리 식품은 피하기로 했다. 반찬은 사먹되 배달시키지 말고 매번 반찬가게까지 걸어서 다녀오기로 했다. 익숙한 패턴에 변화를 줘 식사를 하는 행위 전후에 약간의 수고와 불편함을 더하니, 이전보다 식사 행위를 분명하게 의식하고, 좀 더 신선한 음식을 섭취하게 되었다.

끈적끈적한 테이블 위에 물건을 올려두면 테이블을 기울여도 물건이 떨어지지 않는다. 마찰계수

" 테이블 표면의 마찰력을 높이자. "

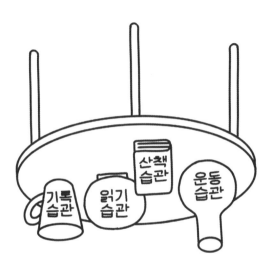

가 높기 때문이다. 나쁜 습관이 달라붙지 않도록 일부러 마련해 놓는 불편한 환경은 우리 삶에서 좋은 습관이 떨어지지 않도록 마찰력을 높이는 노력이라고 볼 수 있다. 보건복지부의 금연정책도 이와 비슷하다.

　최근에 본 90년대 영화 속에 비행기 안에서 담배를 피우는 장면이 나왔다. 생각해 보니 한때는 아이들 앞에서 흡연을 하는 부모도 흔했고, 강의 중에 담배를 피우는 교수님도 있었다. 불과 10~20년 전 일이다. 하지만 영화 속 장면이 믿기지 않을 만큼 지금으로서는 먼 일로만 느껴진다. 분명 그 시절을 내가 직접 경험했는데도 말이다. 당시는 사회 전반에 흡연에 대한 문제의식이 없었다. 당연히 금연을 위한 환경도 고려 대상이 아니었다. 하지만 이제는 정부가 나서서 흡연을 지양해야 할 나쁜 습관으로 정하고 있다. 영화 속 장면은 더 이상 현실에서 볼 수 없다.

　흡연에 대한 인식이 바뀌면서 흡연인의 습관도 덩달아 바뀌었다. 어디서든 불만 붙이면 피울 수 있던 담배를 이제는 엘리베이터를 타고 1층으로 내려

가서 흡연구역에서만 피울 수 있게 된 것이다. 음식점, 사무실에서 담배를 피워도 되냐고 묻는 것만으로도 몰상식한 인간이 되고 지하철역 입구, 버스정류장 부근, 학교 주변 몇 미터 이내에서 담배를 피우면 과태료를 내야 하는 세상이 되었다. 번거로운 흡연 과정이 담배 피우는 횟수를 줄였다. 흡연 환경을 바꾸었더니 흡연 습관도 방해를 받은 것이다. 통계상으로도 2008년 이후 해마다 흡연율이 꾸준히 감소하고 있다고 한다.

담배뿐만 아니라 무언가가 눈에 보일 때 우리는 유혹에 더 쉽게 빠져든다. 쇼핑할 생각이 없었지만 상점에서 예쁜 모자를 본 순간 집어 드는 것과 마찬가지로, 우리의 의지는 자극 앞에서 무력하다. 나 역시 내 의지력을 신뢰하지 않는다. 유혹에 견디지 못하는 사람임을 인정할 때 비로소 좋은 습관을 시작해 볼 준비가 된다.

1　**할부 결제를 줄이고 싶다면?**
　스마트폰에서 NFC(근거리 무선통신)를
비활성화하고 페이 앱을 지운다. 신용카드가
없으면 할부도 불가능하기 때문이다. 또한 결제
수단을 신용카드에서 현금으로 바꾸면 할부 결제
습관도 없앨 수 있다. 지갑에 현금만 넣고 다니며
계획한 만큼의 금액만 소비하는 연습이 필요하다.
대박 할인 상품을 만난다 해도 현금이 부족하면
그건 당신의 물건이 아닌 거다.

2　**스마트폰 확인 횟수를 줄이고 싶다면?**
　모든 알림을 무음으로 바꾸고 자신이 머무는
장소가 아닌 다른 곳에 스마트폰을 둔다. 꼭 통화를
해야 할 상대라면 문자를 남겼을 테니 해야 할 일이
끝난 후 연락해도 늦지 않다. 스마트폰 속 디지털
웰빙 기능(방해금지모드)을 사용해 집중하고 싶은
시간을 설정해도 좋다. 좀 더 적극적인 방법으로는
카카오톡과 같이 즉각적인 대답을 줘야 하는
앱에서 탈퇴하는 것이다. 종민은 10년째 카톡 없이
메일로만 연락을 주고받는다.

3　**오래 앉아 공부를 하고 싶다면?**
　책상 의자 뒤를 벽에 가까이 붙이는 배치를

추천한다. 책상에서 빠져나오는 게 불편해지면 책상에 오래 앉아 있게 된다. 극단적으로 말하면, 자신을 가두는 것이다. 또한, 이 습관에 익숙해지기 전까지는 책상 위에 책, 공책, 펜과 같은 아날로그 도구만 놓길 바란다. 태블릿과 컴퓨터로 수업을 듣는 시대이지만 그 안에서 할 수 있는 것들이 너무 많아 집중력이 떨어진다.

4   TV 혹은 OTT 시청을 줄이고 싶다면?

TV를 없애라. OTT(넷플릭스, 유튜브 등 인터넷으로 영화나 TV프로그램 등의 영상을 제공하는 서비스) 가입을 해지해라. 유혹 때문에 방황하지 않도록 상황 자체를 통제하는 거다. 남는 시간이 아깝다면 책을 읽어 보자. 책을 읽지 않는 시대라고 해도 매주 100권이 넘는 책이 쏟아져 나온다. 영상을 통해 다양한 정보를 얻을 수 있지만 여전히 어떤 사안을 정할 때 결정적으로 작용하는 고급 정보는 텍스트를 통해 전달된다는 사실도 잊지 말자.

앞의 조언이 뻔한 내용이라고 생각할 수도 있다. 하지만 이를 실천하기는 '칸트의 산책' 만큼이나 어렵다. 작은 행동으로 마찰력을 만들어 보자.

승리의 서사 쌓기

새해가 되면 새로운 목표를 세우고 습관 만들기에 돌입하는 이들을 숱하게 본다. 하지만 그중 몇 명이나 성공할까? 멀리서 찾을 필요도 없이 종민이 그렇다. 자신의 능력을 과대평가해서 '새벽 5시에 일어나기', '밀가루 먹지 않기' 등 무리한 계획을 적어 붙인다.

그의 마음을 모르는 건 아니다. 자신의 일상을 좀 더 알차게 채우고 싶은 마음이야 누군들 없겠는가. 하지만 초보 게임자가 첫 판에 끝판왕을 이길 수는 없다. 레벨 1은 무기부터 '줍줍'하고 다녀야 하는 거다. 그렇지 않으면 새해 계획을 이루지 못한 날이 늘어나고 부담감, 거부감, 좌절감을 경험하면 이전의 나로 돌아가기 일쑤다. 또 다른 문제는 실패가 반복되면 의지가 꺾이고 '시도해 봤는데 난 역시 안 되더라'라는 식의 부정적인 사고가 쌓이게 된다는 점이다. 반대로 승리의 서사가 한 번, 두 번 쌓이면 '지난 번에도 해냈으니까' 하면서 뭐든 도전해 볼 용기가 생긴다. 그런 의미에서 아주 사소한 습관을 반복해서 성공시키면 승리의 서사를 쌓기 쉬워진다.

습관을 아주 작은 단위로 쪼개 보자

처음 시작하는 습관은 작으면 작을수록 좋다. 좀 더 과격하게 말하자면 하찮은 습관이야말로 초심자가 기쁜 마음으로 시작해야 할 과제다.

내 경우, 크루아상을 내려놓는 동안 사과 먹기란 하찮은 습관에 의지했다. 사과는 간편하게 먹기 좋은 간식이다. 우선 먹기 편하다. 껍질을 깎을 필요도 없고, 그저 흐르는 물에 씻어서 한입 크게 베어

물면 된다. 씻기도 귀찮으면 옷소매에 슥슥 닦아서 먹는다. 크루아상이 생각날 때마다 사과를 먹는 하찮은 습관을 반복했기에 허리 사이즈를 줄일 수 있었다. 만약 다이어트를 하겠다고 끼니마다 채소를 씻고, 과일을 잘라서 샐러드 그릇에 담았다면 지쳐서 허리 사이즈를 줄이는 대신 새 바지를 사고 말았을 것이다.

이런 맥락에서, 다이어트에 도전하는 초심자는 샐러드 정기 배송 서비스를 이용해 보자. 샐러드를 준비하는 어려운 과정은 전문가에게 맡기고 우리는 먹는 것에만 집중하면 된다. 샐러드를 챙겨 먹는 게 습관이 되면 그때서야 직접 재료를 사고 손질하는 과정을 밟자. 주기적으로 배송된 샐러드를 먹는 습관이라니 '이런 게 뭐가 어렵다고……' 싶지 않은가? 처음에는 이런 하찮은 습관부터 시작하는 거다. 또 막상 시작해 보면 매일 잊지 않고 정기 배송된 '맛없는 음식'을 먹기란 쉽지 않다는 것도 알게 될 것이다. 유년 시절에 부모님이 건네 주는 우유 한 팩 마시기가 힘들어 친구에게 주거나 몰래 버린 기억이 꽤 있지 않은가!

"샐러드를 먹겠어"   **"사과를 먹겠어"**

**"사과 먹기가
훨씬 성공하기 쉽다."**

바이러스로부터 우리를 지켜준 습관도 거창하지 않았다. 엄청난 방역 효과를 가져다준 작은 습관이 바로 '30초 손 씻기'다. 손 씻기는 코로나19 시대가 도래하면서 전 세계인한테 공통으로 주어진 미션이었다. 손을 씻으면 바이러스를 비롯해 많은 세균 전염을 막을 수 있다. 한동안 마스크 수급에 곤란을 겪을 때도 보건당국이 제일 먼저 당부한 일은 손 씻기였다. 아직 코로나는 종식되지 않았지만 질병관리청에 따르면 손 씻기 등으로 개인 위생 수준이 높아지면서 매년 유행하던 독감 바이러스가 2020~2021년만큼은 사실상 사라졌다고 한다. 손 씻기 습관은 매우 단순한 행동이라도 꾸준히 하면 우리의 건강을 지켜 주는 강력한 도구가 될 수 있다는 점을 시사한다.

손 씻기처럼 '성공했다'라는 의미를 부여하는 게 민망할 만큼 하찮은 습관도 승리의 서사를 쌓기에 얼마든지 좋은 선택이 되어 준다. 매일 아침 이부자리를 정리하는 행동, 그리고 식사 후에 이를 닦고 치실을 사용하는 것도 단순하지만 그만큼 효과가 좋다.

우리 모두 습관을 만드는 과정 중에 작심삼일을 경험한다. 이건 당연하다. 단번에 성공한다면 습관 만들기를 설명할 필요도 없지 않은가! 다만 실패했을 때 포기하지 않고 3일마다 다시 일어나는 사람이 습관을 완성할 수 있게 된다.

차를 타고 가다가 높이가 너무 높은 과속 방지턱을 만나면 쿵 하고 좌석으로 전해오는 충격이 크다. 하지만 도로면과 차이가 적은 낮은 방지턱이라면 있는 듯 없는 듯 지나칠 수 있다. 이것처럼 사소한 습관을 계속해서 반복함으로써 넘어져도 다시 일어날 수 있게, 실패해도 언제든 새로 시작할 수 있게 해야 한다.

우리가 습관을 만들 때 필요한 건 '아, 오늘도 실패했어. 나는 구제불능인가 봐.'라는 좌절이 아닌 '또 해냈네!' 하는 작은 승리의 서사다. 거창한 약속보다는 아주 단순한 습관으로 자기만족의 경험을 쌓아 보자. 어제도 오늘도 내일도 꾸준히 단순한 습관을 지켜 낼 것이므로 더 이상 스스로에게 실망할 일은 없다.

1 **일찍 일어나기를 위한 작은 습관**
일어나자마자 잠옷을 일상복으로 갈아입는다.
일상복에 대한 고민을 줄이기 위해 스티브
잡스의 검은색 터틀넥과 청바지처럼 매일 같은
옷을 입는다. 그도 아니면 잠들기 전에 미리
일상복을 준비해 둔다. 어찌 됐든 환복은 하루의
시작을 알리는 행위가 되고 다시 잠들더라도 옷
갈아입기만큼은 해냈다는 사실이 우리를 기분
좋게 만든다.

2 **매일 과일 먹기를 위한 작은 습관**
사과나 바나나, 견과류 등이 담긴 바구니를 식탁
한가운데 둔다. 건강한 간식을 눈에 잘 보이는 곳에
둠으로써 손쉽게 먹을 수 있도록 하는 것이다.
과일을 싫어하더라도 눈에 보이면 먹어야 한다는
강박이 생기고, 허기가 지면 자연스럽게 과일부터
생각나게 된다. 손이 닿는 곳에 가까이 두는 게
중요하다. 보이는 것과 보이지 않는 것의 차이를
믿어라.

추진력을 얻기 위한 시작 의식

종민이 새벽 수영을 습관으로 만들 수 있었던 건 다름 아닌 잠옷에서 운동복으로 갈아입는 행동에 집중한 덕분이다. 규칙적으로 운동 시간을 가져서도 아니고 운동복으로만 갈아입었다니, 조금 멍청한 얘기 같을 수도 있겠다. 새벽 수영을 계속하는 데 어려움에 봉착한 종민은 스마트워치가 있으면 기록 덕후인 자신에게 좋은 동기가 될 것이라고 나를 설득하기도 했고, 신상 운동복을 입으면 기분 좋게 운동하러 갈 수 있을 거라고 나를 종용하기도 했다. 하지만 그의 방법은 아주 짧은 시간 동안 효과를 보였을 뿐이다. 시간이 지나며 새 도구가 익숙해지니 만지작거리는 시간이 짧아지고, 새 옷도 금세 헌옷이 되니 운동 가는 횟수도 눈에 띄게 줄어들었다. 한마디로 돈 낭비였다.

종민의 방법이 통하지 않았으니 이번엔 내 방법을 따르기로 했다. 이때 나하고 약속했던 게 눈 뜨면 일단 잠옷을 벗고 운동복으로 갈아입기만 하자는 거였다.

"운동을 하고 말고는 그 뒤의 문제야. 일주일 동안 운동복으로만 갈아입어 보자. 눈 뜨자마자 옷을 갈아입는 게 습관이 되면 운동 가는 건 그 뒤에 이어 붙이기만 하면 되거든."

처음에 그는 이 단순하고 미련한 제안에 화를 냈다. 자신을 너무 과소평가하는 게 아니냐고도 했다. 하지만 이 엉뚱해 보이는 시작 의식을 통해 지금 종민은 비가 오나 눈이 오나 운동을 간다. 어떤 날은 아침에 일어나는 게 힘들어 보여 '오늘 운동 못 간다고 하면 모른 척해야지' 하고 생각하는 날도 있다. 그런 날에도 종민은 꾸역꾸역 옷부터 갈아입는다. 물론 커피를 마시면서, 양치를 하면서도 "아!

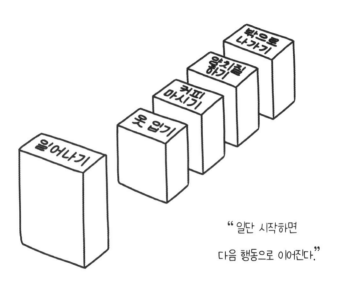

"일단 시작하면
다음 행동으로 이어진다."

오늘은 운동 못 가겠는데?"하는 소리를 계속한다. 그러다 어느새 투덜거림을 뒤로하고 조용히 문을 열고 집을 나선다. 운동을 다녀온 뒤에는 "오늘도 옷을 벗고 운동복으로 갈아입는 시작 의식이 밖에 나갈 수 있게 해 줬다"라고 말한다. 고작 옷을 바꿔 입는 작은 행동이 습관을 다지는 힘이 된 것이다.

종민과 나는 습관을 실행하는 데 있어 강한 추진력이 되어 주는 작은 행동을 '시작 의식'이라고 부른다. 종민이 운동복 갈아입기라는 아주 사소한 시작 의식으로 추진력을 얻은 것처럼 여러분도 자신만의 시작 의식을 찾을 수 있다. 새벽 5시에 일어나 공부를 하거나 혹은 명상을 하는 게 목표인 사람이 있다면 옷 갈아 입기, 커피 한 잔 내리기, 양치하기, 몸무게 재기, 물 마시기, 전날 준비해 둔 간식 먹기 같은 사소한 시작 의식부터 반복해 보자. 다음 단계는 생각하지 않아도 된다. 딱 시작 의식으로 정한 행동만 실천하면 된다. 이런 작은 시작 의식은 습관 형성 초기에 실패와 절망으로 스스로 위축되는 걸 막아 준다. 시작 의식으로 다음 과정으로 나아갈 힘을 얻자는 것이다. 나에게 맞는 시작 의식을 찾을 수 있다면 요가, 명상, 독서, 어학 공부와 같은 습관을 유지하는 추진력을 얻게 될 것이다. 시작 의식은 거대한 성취를 위한 마중물로, 변화를 위한 분명한 첫걸음이 되어 줄 것이다.

시간에 경계를 짓는 법

습관 만들기가 난관에 봉착했다면, 그 습관을 실천할 때 자신이 어떤 옷을 입고 있는지도 한번 체크해 보자. 운동복으로 갈아입음으로써 운동하기를 실천할 수 있다는 점을 앞서 이야기했는데, 환복 행위는 단순히 옷 갈아입기에 그치지 않는다. 이 사소한 움직임에는 장소를 옮기지 않고도 심리적 환경을 바꾸는 효과가 있다. 수영복으로 갈아입는 것만으로도 물에 들어갈 준비가 되고, 작업복을 착용하는 것만으로도 오늘 작업이 시작되었다는 걸 인지하게 된다. 또 멋진 옷을 입고 있는 동안은 행동을 조심하고 매너를 지켜야 한다는 다짐을 하게 된다. 잠옷으로 갈아입는 것도 그와 비슷하다. 우리 뇌에 잠잘 준비를 하자고, 이제는 잠자리에 들기 위해 거실과 작업실을 벗어나 침실로 가야 할 시간이라는 신호가 되어 준다. 이처럼 옷 갈아입기는 무엇보다 집에서의 시간 영역을 분명하게 해 준다.

독립생활자라면 집에 머무는 시간이 아주 길 것이다. 외출이 없는 날의 빈도도 높아졌을 것이다. 이쯤에서 잠깐 자신의 옷차림을 살펴보자. 잠에서 깬 뒤에도 잠옷을 입은 채 하루를 보내고 있지 않은가? 집 앞 편의점에 갈 때도 잠옷 위에 로브 하나만 걸치고 나가지 않나? 신경 쓸 사람도 없고, 보여 줄 이도 없으니 긴장이 풀어지는 건 당연하다. 마음이 편한 생활은 칭찬할 만하지만 이렇게 살다 보면 생활이 늘어지기 십상이다. 다른 의미로 게을러진다.

잠옷을 입고 하루 종일 집에 있다 보면 낮에 잠을 자거나 늦게 일어나도 죄책감이 들지 않는다. 출퇴근이 사라지니 공간의 변화가 없어지고, 같은 장소에 머물다 보니 시간의 경계가 모호해지는 것이다. 이 태도에 익숙해지면 자신의 발전을 위한 노력이 귀찮아지며, 있는 돈을 까먹고 사는 한량 이미지를 벗어나기 어려워진다. 더 이상 자신의 삶에 집중하고자 하는 독립생활자라 부를 수 없다. 따라서 집에 머무는 시간이 길어지면 의도적으로 일상에 경계를 만들어야 한다. 어렵게 생각할 필요는 없다. 장소가 바뀌면 자연스럽게 각성하는 것처럼 시간대에 맞춰서 옷을 갈아입는 행위만으로도 충분하다.

식사 시간을 정해 규칙적으로 밥을 먹는 것도 시간의 경계를 짓는 좋은 방법이다. 우리는 8시에 아침식사를 한다. 8시가 되기 전 책상에서 하던 어학 공부를 멈추고 주방으로 움직여 끼니를 준비한다. 아침식사 후에는 2시 점심식사 전까지 해야 할 일들을 처리한다. 장소를 바꾸지 않고 식사 시간이라는 규칙성을 이용해 경계들을 세우는 것이다. 만약 식사 시간이 들쑥날쑥했다면 '오늘 공부가 잘되는데?' 혹은 '오늘은 안 풀리니까 그냥 접자'라는 등 기분 내키는 대로 시간을 늘리거나 줄였을 것이다. 결국 규칙성이 가장 중요한 습관의 영역으로 진입하기 어려웠을 것이다.

집에 머무는 시간이 길다 보면 식사 시간에 맞춰

" 일과에 맞는 옷을 그때그때

갖춰 입어야 몰입도가 더 높아진다.”

밥을 먹기보단 출출할 때 끼니를 때우는 습관이 들기 쉽다. 아무 때나 밥을 먹는 습관은 식사의 규칙성이 사라지고 일상이 즉흥적이 된다는 것을 의미하기도 한다. 즉흥적으로 움직이면 시간의 경계는 사라지고 감정의 파도에 따라 살게 되는데, 이는 습관 세우기에 큰 걸림돌이 됨을 잊지 말자.

시간 경계를 세우기 위해 조명을 사용할 수도 있다. 우리 집은 새벽 5시가 되면 알람이 울리는 대신 타이머로 작동하는 3000K 거실 전등이 켜진다. 그 은은한 불빛이 아침 해를 대신해서 잠을 깨워 준다. 반대로 여름철에 우리는 오후 7시, 겨울철에는 오후 6시가 되면 커튼을 치고 자연광을 막는다. 잠잘 시간에 가까워지면 침실에 있는 3000K 전등만 켜두고 잠들 준비를 한다. 집에만 머물게 되면 출퇴근하는 과정이 사라지기 때문에 조명을 바꿈으로써 잠자는 시간과 활동하는 시간의 경계를 짓는다.

주기적으로 창문을 열고 바깥 공기를 들여 이산화탄소 농도를 낮춰야 집중력이 오른다. 우리 몸과 마음도 주기적인 환기가 필요하다. 이를 위해 아주 쉬운 각성법인 환복을 잊지 말자.

시간표는 습관 만들기의 좋은 도구다.

유년시절, 방학 때마다 시간표를 만들었던 기억은 누구에게나 있다. 방학 시간표는 학교에서 울리던 수업 종이 사라졌을 때 시간의 경계를 세우는 법을 잊지 않는 단순한 방법이다. 다만 너무 어린 시절에 했던 방식이라 지금 하라고 하면 나이에 어울리지 않는다, 혹은 시간표를 따라 살기에는 삶이 너무 빡빡하다, 하는 생각 때문에 쉽게 무시하게 된다. 그러나 시간표 그리기는 효율적으로 하루를 관리하는 데 도움을 주는 도구이며, 공간의 변화 없이도 시간 경계를 짓기에 더없이 좋은 방법이다.

1   시간표를 통해 습관을 만들고자 한다면 먼저 잠자는 시간을 제외한 나머지 시간을 4등분 하자. 식사 시간을 경계로 하면 쉽게 4등분이 된다. 처음부터 너무 세세하게 분 단위 시간표를 만들면 시간표를 지켜야 한다는 생각에 매몰되기 쉽다. (비서나 매니저 등 항상 옆에 있는 조력자가 없다면 분 단위 계획은 지키기 힘들다.) 커다란 시간 덩어리 중 능률이 가장 높은 시간대가 있을 텐데 그 부분에 새로 만들고자 하는 습관을 적어 두고 지키다 보면 어느새 습관이 완성되어 있을 것이다.

2　어른의 시간표에는 자유가 담긴다.
시간표는 학생에게만 필요한 것이 아니다. 어른도
시간표를 가질 수 있다. 시간표대로 움직인다고
하면 자유를 침해받고 갑갑할 거라고 생각하지만
스스로 만든 시간표는 좀 다르다. 해야 할 일의
목록과 시간 계획을 보면서 할까 말까 고민
없이 그 일을 행하는 경험을 한다. 제일 중요한
점은 매일매일 시간을 허투루 보내고 있다는
불안감으로부터 벗어날 수 있다는 것이다.
성장하는 나 자신과 내가 되고 싶은 나를 발견하는
재미는 보너스다.

3　지키기 어려운 시간표는 바꾸면 된다.
한 가지 팁을 더 공유하자면 첫 번째 계획은 대체로
실패하기 마련이다. 때문에 종민과 나는 새로운
계획을 위한 시간표를 짤 때 실패를 고려해서
프로토타입 시간표를 먼저 만들어 운용한다.
프로토타입으로 일주일에서 한 달가량 시도해
보고 잘 적응할 수 있는지를 확인한 뒤 본 시간표를
다시 만드는 식이다. 우리가 새해 계획을 1월이
아닌 12월에 세우는 이유도 여기에 있다.

아침식사	①
점심식사	②
저녁식사	③
	④

" ① ~ ④ 중 집중이 잘되는 시간대를 선택,

습관으로 만들고 싶은 일을 매일 반복한다. "

출발 지점 확인하기

자발적 은퇴 후 독립생활자가 된 우리는 여러 일상 실험을 하고 있다. 수면에 관한 실험도 해 봤다. 내 몸이 필요로 하는 적정 수면 시간은 얼마일지 궁금했다. 실험에 성공해서 아침에 알람 없이 눈을 뜨고 싶었다. 과연 알람 없이 원하는 시각에 일어날 수 있을지는 의문이었지만. 결론부터 말하면 가능하긴 한데 성공하기까지 꽤 긴 시간이 필요하다.

독립생활 초반에는 어서 출근하라고 울리는 알람이 없다는 사실만으로 세상 모든 평화가 내게 찾아온 것 같았다. 한동안은 늦잠을 자도 피곤이 풀리지 않아 낮잠까지 잤다. 회사 다니며 자지 못했던 잠은 물론이고 죽어서 잘 잠까지 모두 끌어다 쓰려는 듯이 말이다. 한 2년을 그렇게 불규칙한 수면 상태로 살았더니 조금씩 내 몸이 필요로 하는 수면 시간이 보이기 시작했다. 나는 여덟 시간이 필요하고, 종민은 일곱 시간이면 충분했다.

새로운 습관을 계획할 때 진행 과정이 쉬워 보인다면, 그건 반대 지점까지 충분히 들여다보지 못했기 때문이다. 일찍 일어나는 습관만 해도 실천하기 위해 살펴볼 일이 하나둘이 아니다. 일찍 일어나는 연습을 계획한다고 가정해 보자. 5시에 일어나기 위해서 알람을 맞춘다. 하지만 가끔은 알람 소리를 듣지 못하고 늦잠을 자기도 할 것이다. 알람이 울릴 때 상쾌한 기분으로 바로 일어날 수 있으려면 일찍 잠자리에 들어야 한다. 그럼 일찍 잠자리에 들기 위해선 뭘 해야 할까? 우선 나에게 충분한 수면 시간이 몇 시간인지 알아야 한다. 예를 들어 새벽 6시에 일어나기를 원하면 나의 충분한 수면 시간이 여덟 시간인 점을 고려해서 취침 시간을 확인한다. 여덟 시간을 자야 하는 나는 밤 10시에 자야 새벽 6시에 일어날 수 있다.

생각할 게 또 있다. 사람은 배가 고프거나 반대로 너무 부르면 잠들기 힘들다. 그러니 적당한 공복감으로 잠들 수 있는 시간을 확인해야 하고 이에 맞춰 적절한 시간에 저녁식사를 해야 한다. 뿐만 아니라 취침 시간이 되기 훨씬 전부터 휴대폰이나 전자제품으로부터 멀어져야 한다. 우리의 뇌가 잠들 수 있도록 공백의 시간을 주어야 하기 때문이다. 낮에 생긴 일 때문에 마음이 심란하다면 '걱정 노트'를 쓰면서 마음을 정리하는 시간도 필요하다. 마지막으로 창밖 불빛에 숙면을 방해받는다면 암막 커튼을 준비해야 하고, 작은 소음에도 잠이 깬다면 귀마개를 미리 챙겨야 한다.

일찍 일어나는 것만 생각하면 별거 아닌데 그 목표를 위해 거쳐야 할 단계가 너무나 많다. 여러분이 습관을 정착시키는 데 어려움을 겪은 건 이런 부분까지 고려해 본 적이 없기 때문이다.

아침에 일찍 일어나는 습관의 핵심 키워드는 '일찍 잠자리에 들기'다. 그동안 우리가 새벽에 일어나고 싶어도 못 일어났던 건 기상 시각에만 집착했기 때문이다. 습관까지 도달하는 게 요원하다면 목표 지점뿐만 아니라 출발 지점에 뭐가 있는지를 살펴야 한다.

두꺼운 책 읽기도 출발 지점을 먼저 확인하면 도움이 된다. 언젠가 《자본론》을 읽은 적이 있다. 상하로 나누어진 《자본론 1》만 해도 1,500페이지에 달하고, 도무지 쉽게 넘어가지 않는 내용이다. 중간에 포기할 법도 한데 완독을 하긴 했다. 그때 이용했던 방법이 이 책은 총 몇 페이지인지 확인하고 하루에 읽어야 할 양을 정하는 거였다. 한 번에 1,500페이지짜리 정치경제학 도서를 읽기란 아주 어려운 일이다. 하지만 하루에 100페이지씩은 가능할 것 같았다. 그렇게 15일이라는, 끝이 보이는 목표를 세우며 읽었다. 두껍고 어려운 책을 읽을 때는 늘 이런 식이다. 100페이지가 너무 힘들다 하면 50페이지로 목표를 수정하면 된다. 보름 걸릴 책을 한 달에 걸쳐서 읽으면 되니까.

아침 일찍 일어나는 습관 만들기

날짜	어제 잠든 시각	오늘 일어난 시각	일어나서 한 일	평가	메모
11월 22일	23:30	6:29	영어회화 인터넷 강의	○ ▲ ☆	좀 더 일찍 자자
11월 23일	23:00	6:00	미드 시청, 스트립트 대조	● △ ☆	공부 중 핸드폰 금지
11월 24일	23:00	6:45	영어회화 인터넷 강의	○ △ ★	9시 전에 귀가할 것
월 일				○ △ ☆	
월 일				○ △ ☆	
월 일				○ △ ☆	
월 일				○ △ ☆	
월 일				○ △ ☆	
월 일				○ △ ☆	
월 일				○ △ ☆	
월 일				○ △ ☆	
월 일				○ △ ☆	
월 일				○ △ ☆	

날짜	어제 잠든 시각	오늘 일어난 시각	일어나서 한 일	평가	메모
월 　 일				○△☆	
월 　 일				○△☆	
월 　 일				○△☆	
월 　 일				○△☆	
월 　 일				○△☆	
월 　 일				○△☆	
월 　 일				○△☆	
월 　 일				○△☆	
월 　 일				○△☆	
월 　 일				○△☆	
월 　 일				○△☆	
월 　 일				○△☆	
월 　 일				○△☆	

4부 난관 넘어서기

하루의 성공을 알리는
아침 습관

우리가 사는 도시의 환경은 너무 번잡하다. 도시는 많은 사람이 모여서 다양한 삶의 형태를 이루며 사는 곳이다. 그런 도시에도 적막함이 찾아드는 시간이 있는데 바로 한밤과 새벽의 경계다. 그 시간에는 대부분의 사람들이 새로운 하루를 위해 휴식을 갖는다. 아스팔트 위를 지나던 차들은 사라지고 가로등 불빛만 남는다. 사무실과 상점의 불은 꺼지고 모두 집으로 돌아가 깊은 잠에 빠진다. 도시가 조용해진 만큼 이 시간이 집중하기 수월하고 무언가에 몰입하기도 좋다. 이것이 바로 이른 새벽 시간을 활용하는 사람이 많은 이유일 것이다.

새벽 시간의 몰입을 경험하기 전에는 나도 일찍 잠드는 건 현대사회를 바르게 살지 못하는 태도라고 생각했다. 도시에 사는 이유가 밤을 즐기기 위해서라고 믿기도 했으니까. 솔직하게 말하자면 이전에도 '아침형 인간'이 되고 싶어 몇 번 시도했다. 번번이 실패였다. 화려한 도시의 밤을 늦게까지 즐기고 아침의 정적도 함께 갖고 싶은 욕심 때문이었다. 하나를 얻기 위해 하나를 포기해야 하는데 도시의 삶을 모두 갖고 싶은 나는 그걸 스스로 허락하지 않았다.

여러분이 밤에 시간을 보내는 이유가 휴대폰을 보거나 술을 마시는 데에 있다면 과감히 바꿔 보길 권한다. 그리고 취침 시간을 앞당겨 우리와 함께 새벽을 즐겨 보면 좋겠다. 잠자리에 드는 시간이 저녁 7시나 8시가 돼도 상관없다. 아니, 그보다 더 이른 시간이어도 괜찮다. '너무 일찍 잠드는 거 아닌가?' 의심하지 말고 우선 잠들자. 그렇게 상황과 환경을 바꾸면 아침에 일찍 일어나는 일이 자연스럽게 습관이 될 것이다. 밤에 일찍 잠드는 일은 시간 낭비가 아니라 몰입을 위한 준비이고, 나에게 이득이 되어 줄 시간을 마련하는 일이다.

아침은 누구의 방해도 없이 혼자서 무언가에 몰입할 수 있는 유일한 시간이다. 아침에 일찍 일어나면 하루의 첫 일과를 성공적으로 마쳤다는 성취감을 더할 수도 있다.

우리는 새벽 6시 이전에 일어나 침대를 정리하고 차 혹은 커피를 한 잔 준비해서 책상에 앉는다. 그러니까 우리가 일어나서 제일 먼저 하는 일은 침대 정리인 것이다. 침대 정리는 훌륭한 환성喚醒 행위이다. 이불을 허공에서 두세 번 탁탁 흔드는 단순한 행위는 몸을 움직이는 감각을 활용하는 동작이다. 침대를 정리하면서 침구를 주름 하나 없이 깨끗이 펴 놓으면 다시 눕고 싶다는 유혹을 이기기 쉽다. 정리된 침대를 보면 다시 정리하는 수고스러움을 피하고 싶어지고 소파에서 잠시 쉬는 걸로 만족하게 된다.

다음으로는 집 전체 창문을 열어 환기를 시킨다. 영하의 추위에도, 거센 비가 내려도, 미세먼지가 많은 날에도 잊지 않고 환기를 한다. 창문 너머 들어

오는 아침 공기로 새로운 하루가 시작되었다는 기분을 피부로 확인할 수 있기 때문이다. 이렇게 잠자리를 정리하고 환기를 시키면서 몸으로 잠을 깨웠다면 그다음은 두뇌를 움직일 차례다. 책상에 앉아 외국어 공부를 시작한다.

익숙한 것보다 낯선 것이 두뇌 자극에 도움이 된다는 점에서 외국어 공부가 잠든 뇌를 깨우는 데 도움이 되는 것은 확실하다. 이후 청소기로 집안 전체를 청소하고 간단하게 아침식사를 준비한다. 종민은 아침식사 후 식기들을 설거지한다.

오전 9시가 되면 운동을 하러 집을 나선다. 우리에게 운동은 집 밖으로 나가는 루틴이 되어 준다. 독립생활자는 정해진 외부 활동이 많지 않기 때문에 활동량을 지킬 수 있는 운동 시간은 반드시 유지해야 한다. 이 운동 시간이 없다면 먹을 게 떨어질 때까지 일주일이고 보름이고 집 밖에 나가지 않는 게 우리다.

이렇게 아침 스케줄을 하나하나 보내고 나면 그 뒤 일정은 큰 힘을 들이지 않아도 진행된다. 가장 힘든 기상이라는 목표를 성취했고 잠이 덜 깬 상태에서 차례대로 할 일의 순서를 밟았으니 운동 후 습관들은 물 흐르듯 자연스럽게 지나간다. 그렇게 잠잘 시간이 가까워지면 '오늘도 많은 일을 했군' 하고 만족하게 된달까. 솔직히 말하자면 오후 간식을 먹을 때쯤이 되면 이미 너무 긴 시간이 흘러서 당장이라도 잠자리에 들고 싶을 지경이 된다.

할 엘로드는《미라클 모닝》에서 '당신의
하루를 바꾸는 기적, 아침 6분이면 충분하다'고
설명한다. 저자는 아침 시간의 변화를 위해 6분
동안 명상, 독서, 일기, 스트레칭 등을 해 보라고
권한다. 여기서 1분, 저기서 1분을 가져오는
식으로 조각조각을 이어 붙이는 것도 좋지만
이는 직장생활을 하는 바쁜 현대인들을 위한
방식이다. 또한 이렇게 많은 활동을 짧게 하는
것이 효과적인지도 의문이다. 자신을 위해 사용할
시간이 많은 독립생활자라면《미라클 모닝》의
짧은 시간 분할보다는 한 세션에 한두 시간 정도
시간을 내 몰입을 만들어 내는 방식을 시도해 보면
좋겠다.

나쁜 습관에 걸림돌 놓기

저녁 10시 이전에 잠자리에 들겠다는 목표를 오로지 의지력으로 이루고자 한다면 처절한 투쟁이 될 가능성이 높다. 이 경우에도 우리는 적절하게 상황을 통제하고 환경을 바꾸는 방식을 사용할 수 있었다. 습관을 방해하는 요인이 있다면 방해 요인으로 빠지는 길목 위에 일부러 '걸림돌'을 놓고 걸려 넘어지는 거다.

우리가 사용했던 걸림돌은 인터넷 공유기 전원을 꺼 버리는 것이었다. TV는 독립생활을 시작하면서 없앴기에 TV를 보다가 잠잘 시간을 놓치는 일은 없었다. 다만 언제든 무한에 가까운 정보를 접할 수 있는 인터넷과 손 안에 든 스마트폰이 문제였다. 맞다. 우리가 잠잘 시간을 놓쳤던 건 대체로 인터넷 서핑 때문이었다. 침대에 누워 스마트폰으로 SNS를 들여다보고 커뮤니티에 올라오는 글을 읽다 보면 두뇌가 잠잘 생각을 하지 않는다는 게 문제였다. 화면을 들여다볼수록 두뇌활동이 점점 더 활발해진다. 궁금한 것도 많아지고 생각나는 것들도 늘어난다. 그러니 잠이 올 리 없지 않은가!

스마트폰을 계속 사용하는 데 있어서 걸림돌이 될 만한 것을 찾아야 했다. 방법은 쉽게 찾을 수 있었는데, 잠들 시간에 맞춰서 인터넷을 차단하는 거였다. 다만 내가 스스로 인터넷을 차단하기는 어렵겠다는 생각이 들었다. 재미있게 놀다가 갑자기 자라고 하면 당연히 잠이 오지 않는다. 그래서 공유기 전원에 타이머를 설치하고 잠잘 시간 전에 전원이 꺼지도록 설정해 버렸다. 물론 타이머를 손보면 다시 인터넷 바다에서 헤엄칠 수 있지만 걸림돌의 설치 이유는 넘어지면서 '왜 넘어졌지?'를 생각하게 하는 데 있다. 살짝이라도 환경이 변화하면 그 순간

이성이 작동하고, 폭주를 막을 수 있다.

이렇듯 번거로운 과정이 포함되면 나쁜 습관의 진행을 멈추는 데 도움이 된다. 혹 스마트폰의 데이터를 사용하면 되지 않느냐고 생각할 수 있는데 그것도 걸림돌의 높이를 높이면 된다. 가장 쉬운 방법은 스마트폰의 요금제를 낮추는 것이다. 요금이 낮아지면 그만큼 사용할 수 있는 양도 줄어드니까 말이다. 종민과 내가 월 5,000원의 요금제를 쓰는 이유도 같다. 이 요금제로는 모바일 데이터를 1기가가량 사용할 수 있다. 이동 중에 유튜브를 보거나 드라마를 보다가는 하루 이틀이면 소진할 만한 양이다. 간혹 외출 중 자동 업데이트라도 당하면 아까운 데이터가 다 날아가기 때문에 모바일 데이터도 늘 꺼져 있다. 모바일 데이터 버튼을 눌러서 켜고 끄는 번거로운 과정을 반복하는 것도 꽤 괜찮은 걸림돌이 된다. 매번 '왜 이 짓을 하고 있지?'를 생각하게 되고 그 목적이 숙면에 있다는 걸 각성하게 된달까?

번거로움을 일상 중에 일부러 포함시키는 건 현대사회의 흐름과 맞지 않지만 분명한 건 나의 숙면에는 큰 도움이 된다. 요즘같이 빠른 세상에서는 일부러 천천히 가면서 계절이 변하는 풍경을 바라볼 필요도 있으니까.

나쁜 습관을 버릴 때는 과감하게

작지만 내 기분을 좋게 만드는 습관에 하나씩 성공하다 보면 여러분은 여러분이 되고 싶은 사람에 더 가까워진다. 내 경우가 그렇다. 좋은 습관을 하나둘 만들기 시작하고 나쁜 습관을 하나둘 없애기 시작하면서 나는 내가 되고 싶은 사람에 점점 가까워졌다. 짐 정리하기가 좋은 습관의 시작이었고, TV를 없앤 건 나쁜 습관을 버린 첫 과정이었다.

꽤 오랜 시간 동안 TV는 나의 가장 좋은 친구였다. 앉아서 리모컨만 누르고 있노라면 인간관계의 피곤함도, 직장에서의 스트레스도 모두 잊어버릴 수 있었다. 퇴근 후나 휴일에 TV를 보는 게 유일한 낙이었다.

심리학자 미하이 칙센트미하이에 따르면 우리가 영상을 보면서 즐겁다고 느끼는 시간은 전체 시청 시간의 13퍼센트 정도라고 한다. 반면 취미에 몰두할 때는 전체 시간의 34퍼센트, 스포츠를 즐길 때는 44퍼센트에 이른다고 한다. 영상 콘텐츠는 다른 즐거움에 비하면 그 지속 시간이 짧은 것이다. 그럼에도 내가 TV에 의지했던 건, 많이 지쳐서였다. 내안의 에너지가 충분하지 못해서 다른 걸 할 힘이 남아 있지 않았다. 할 수 있는 거라고는 리모컨을 누르면서 쉬는 것뿐이었다.

TV 속 누군가가 새로운 취미에 도전하는 걸 볼 때 '재미있어 보이는데 나도 해 볼까?' 생각한 적도 있었다. 하지만 TV 볼 시간도 부족하다는 핑계가 바로 뒤따랐다. 결국 TV 시청은 내게 다른 즐거움을 느낄 수 있는 시간을 빼앗아 간 나쁜 습관이 되어 버렸다.

퇴사하고 나를 위한 에너지가 생기니 그제서야 책을 읽고, 운동하고, 여행 다니는 사람으로 나 자신을 인식하게 되었다. 아마 독립생활의 기회가 주어지지 않았다면 지금의 나는 TV에서 유튜브나 넷플릭스로 플랫폼만 옮겨서 여전히 영상 콘텐츠를 소비하고 있었을 것이다. 하고 싶은 많은 일들을 유보한 채 말이다.

다행인 것은 이 나쁜 습관에서 벗어날 수 있는 방법을 찾았다는 것이다. 자발적인 조기 은퇴라는 좀 독특하고 평범하지 않은 수를 쓰긴 했지만, TV 시청 말고 다른 걸 할 수 있는 힘을 얻었기에 그 뒤에 다른 나쁜 습관들도 버릴 수 있었다. 그 과정에서 알게 된 건 좋은 습관 들이기는 긴 시간을 두고 천천히 조심스럽게 진행해야 하지만 반대로 나쁜 습관은 단칼에 도려내야 한다는 사실이다. 한번 달라붙은 나쁜 습관은 내 몸에 쌓인 지방덩어리만큼이나 떼어 내기 어렵다. 결심이 섰다면 주저하지 말고 프라이팬 위의 부침개를 뒤집듯이 단번에 생활 패턴을 뒤집어야 한다. 조금 극단적일지라도 말이다.

1   **서서히가 아니라 단번에**

술을 많이 먹는 이들에게 "조금씩 줄여 봐"라는
말은 통하지 않는다. 와인을 담그는 커다란
오크통에 소주 한 잔만큼 부어 봐야 티도 안
나니까. 조금씩, 서서히 나쁜 습관을 없애는
건 거의 불가능에 가깝다. '술 한 잔쯤이야'
생각하거나 '오늘은 친구가 이별한 날이니까'
등 우리의 뇌는 유혹에 넘어가야 하는 이유를
끊임없이 생각해 낸다. 어찌나 이유를 잘 만들어
내는지 이틀이 멀다 하고 술을 마실 수밖에 없는
일이 생긴다. 그렇기에 술은 입에 한 방울도 대지
않겠다는 결심으로, TV는 아예 보지 않겠다는
생각으로 단번에 눈앞에서 치우는 게 좋다.
스마트폰이나 태블릿을 이용해 유튜브를
즐겨본다면 전자기기를 집에 둔 채 카페나
독서실에 가는 것도 방법이다. 넷플릭스, 왓챠와
같은 구독형 서비스는 끊어 내기 쉬운 편이다. 그저
마음 단단히 먹고 구독 해지를 누르면 된다.

2   **나쁜 습관보다 좋은 습관이 먼저**

좋은 습관은 연쇄적으로 좋은 습관을 불러온다.
나쁜 습관을 고통스럽게 끊는 것보다 나쁜
습관의 자리에 좋은 습관을 하나씩 만드는 것도

효과적이다. 예를 들어 나는 오후 4시 이후에 금식, 매일 차 2리터 마시기, 운동하기를 습관으로 만들며 자연스럽게 밥 먹은 후 바로 눕기나 밥 빨리 먹기 등과 같은 나쁜 습관에서 멀어졌다. 긍정적인 여러 습관들이 몸에 배면서 나쁜 습관은 나에게 어울리지 않는다고 인지하게 된 덕도 있다.

3   구체성을 가져라

밥 먹고 바로 눕는 버릇은 내가 가진 나쁜 습관이었다. 내가 만약 이 습관을 없애기 위해 '밥 먹고 나서는 절대 누우면 안 돼'라고 다짐했다면 계속 실패를 맛봤을 것이다. 대신 나는 '밥 먹고 두 시간이 지나기 전에는 눕지 않을 거야'라고 다짐을 좀 더 구체적으로 바꾸었다. 두 시간 동안 눕지 않으려고 타이머를 작동시키고 그 시간 동안에는 부지런히 청소를 하거나 산책을 나가거나 샤워를 한다. 나쁜 습관을 없앨 때에는 구체적인 실행 방안이 필요하다.

5부
계속 유지하기

· ·

모두에게 공평하게 24시간이 주어진다고 한다.
하지만 그건 착각이다.
하루 24시간 중 대부분을 자기 의지로 살지 못하는 사람,
예를 들어서 교정시설에 수감 중이거나
의무 복무 중인 군인의 시간이
우리 같은 사람의 시간과 어떻게 똑같을 수 있겠는가.
. 그러니 절대 잊지 말자.
독립생활자는 자기 시간을 스스로 조정할 수 있는
특권을 가진 사람임을 말이다.

세 번의 리셋을 할 수 있다

우리 생을 리셋할 수는 없다. 하지만 일상은 얼마든지 바꿀 수 있다. 매일 새로운 태양이 떠오르므로. 중간에 실패하면 다시 시작하면 된다. 1년 중 세 번, 일상 리셋의 기회를 이용해 보자. 세 번의 기회 중 첫 번째는 바로 1월 1일이다.

첫 번째 기회, 1월 1일

매년 1월 1일은 인류 공통의 일상 리셋 기회다. 무언가 새로 시작하겠다는 의지를 불태울 수 있는 기회가 모든 이에게 똑같이 주어지지 않는가. 이렇게 말하고 나니 서력기원 아래에 살아서 참말 다행이라는 생각이 든다. 같은 문화권에 사는 사람들이 대동단결해 신년 다짐을 하게 만들어 주니 혼자서는 힘든 일도 함께라면 가능할 것 같다.

나도 1월 1일의 리셋 의식을 함께한다. 특히 외국어 공부가 그렇다. 1년 단위의 계획을 세우고 새해를 기점으로 마라톤을 시작하는 것이다. 한번은 1월 초부터 시작하는 온라인 영어 스터디에 참가했다. 매일 숙제를 제출하고 주말마다 외운 문장을 테스트 받는 2개월 과정이었다. 1월 첫째 주에 시작해서인지 구성원들의 열의가 대단했다. 새벽에 일어나 과제를 끝내고 7시쯤 숙제 제출창을 열어 보면 나보다 이미 서너 사람이 앞서 있었다. 열댓 명의 멤버는 과제 제출도 꼬박꼬박 잘했다. 다들 열심히 하는 모습이 눈에 보이니 내 의지도 불탔다.

그런데 1월말 설날이 지나면서 과제 제출창에 빈 공간이 눈에 띄게 늘었다. 주말 테스트는 불참자가 절반을 넘었다. 결국 마지막 수업까지 과제를 빠짐없이 제출한 사람은 나를 포함해 여섯 명. 시작 인원의 절반에도 미치지 못했다.

1월 1일의 일상 리셋 도전은 대체로 한 달 뒤인 설날을 앞두고 흔들리거나 무너진다. 다이어트 결심은 명절 음식의 파도를 넘지 못하고, 일찍 일어나야겠다는 결심은 연휴에 여행이라도 간다면 도로아미타불이 된다. 내가 참여한 스터디 그룹에서도 이런 난관을 확인했다. 하지만 난관을 넘지 못했다고 좌절하거나 포기하지 말자. 1년 중 세 번이나 리셋의 기회가 있다고 하지 않았나. 다시 의지를 불태우며 두 번의 기회를 기다리면 된다.

1월에 시작한 일상 리셋이 아직 유지되고 있다 해도 2월말쯤 되면 해질녘 스마트폰 배터리 잔량처럼 의지가 간당간당해지고 있음을 느끼게 된다. 혹시 1월 1일의 계획이 무너졌다 해도 '나는 정말 구제불능이야' 하고 자신을 책망하지 말자. 서서히 습관이 무너지고 있는 우리에게도, 다시 한번 시작하고 싶은 새로운 리셋 기회가 곧 도착할 테니까. 두 번째 날은 바로 새학기가 시작되는 3월 1일이다.

두 번째 기회, 3월 1일

3월은 새학기가 시작되는 시기다. 사회 전반에 새로 시작하자는 분위기가 만연한데, 1월 1일 리셋에 실패했다면 졸업한 지 오래되었다 해도 이때 다시 마음을 다잡아야 한다.

3월 1일, 두 번째 리셋의 기회는 두 그룹으로 나눠서 접근해야 한다. 첫 번째 그룹은 1월 1일의 리셋을 잘 유지해 오고 있는 사람들이다. 이들은 두 번째 리셋 기회를 통해 습관 지속의 열차에 완전히 올라탈 수 있다. 이들은 1월 1일부터 습관 지속을 위해 장장 60일 동안 노력한 사람들이다. 어떤 계획이나 행동을 반복해서 습관이 되었다고 느끼는 데는 평균 66일의 시간이 필요하다는 연구 결과가 있다. 평균치를 넘어섰으니 이제는 어렵지 않게 그 행동을 무의식 중에 행할 수 있는 '자동화 단계'에 진입한 것이다. 축하한다. 이 단계에 들어서면 별 무리 없이 습관을 유지할 수 있고, 특별한 변수가 없다면 연말까지 이 습관을 가지고 갈 수 있다.

두 번째 그룹은 1월 1일부터 시작된 습관 유지에

실패한 이들이다. 이쯤에서 이 습관을 정말 간절히 원하는지 고민해 볼 필요가 있다. 그렇지 않다면 스트레스 받지 말고 편하게 살면 된다. 하!지!만! 여전히 1월 1일의 계획을 지속하고 싶다면 습관 유지에 실패했던 이유를 찾아서 보완하는 작업부터 해야 한다. 습관을 유지할 수 없었던 이유를 확인하고 다시 습관 만들기를 시작했을 때 그 이유가 여전한지 파악한다. 그리고 어떻게 실패를 피할 수 있을지 구체적으로 계획을 세워야 한다. 그렇게 하지 못하면 다시 시도한다 해도 실패할 확률이 높다.

두 번째 리셋은 보다 간절한 마음을 담아 행동에 옮겨야 한다. 주변 사람들과 함께 분위기에 휩쓸려 습관 열차를 타고 조금 편하게 갈 것인가, 주변 분위기에 실려 갈 기회를 놓치고 혼자서 힘겹게 걸어갈 것인가. 3월 1일을 앞둔 우리는 갈림길 앞에 있는 셈이다.

리셋 기회를 잘 이용해 3월 1일까지 온 사람과 1월 1일 첫 번째 시도는 실패했지만 두 번째 기회에 간절함을 더한 사람. 각자 위치와 상황은 다르지만 모

두 습관 유지에 성공해 몇 개월을 보람차게 지낼 것
이다. 그러다 보면 날씨가 추워지고 연말 분위기가
무르익어 가는 12월 1일이 찾아올 것이다. 자! 아무
도 주목하지 않았던 12월 1일, 세 번째 리셋 기회를
설명할 차례다.

가장 중요한 기회, 12월 1일

12월 1일이야말로 일상을 리셋하기에 가장 적합
한 날이다. 12월을 잘 사용하면 남들보다 한 달 앞
서 계획을 세우고 습관을 향해 달려갈 수 있다. 또
12월부터 1월 1일까지를 예행 연습 기간으로 삼아
보완, 수정한다면 1월이 시작됨과 동시에 습관 만들
기의 본선에 오를 수 있다. 12월 1일은 1월 1일부터
달리고 있는 습관 열차 안에 잘 머무르고 있는 사람
에게 새로운 루트로 갈아탈 절호의 기회이기도 하
다. 1년이나 지속한 습관이라면 지루함이 찾아올 법
도 하다. 이때 약간의 변주를 주는 것이다. 열차에
있는 당신은 변주를 즐기며 자신만의 일정한 속도
로 힘들지 않게 좋은 습관을 향해 달릴 수 있다.

12월은 1월과 달리 자신에게 한없이 너그러워지는 달이다. 영어학원이나 체육관의 출석률이 가장 저조한 시기인 것만 봐도 그렇다. 한 해를 정리하는 마지막 달이 되면 그동안 잘 쌓아 왔던 습관마저 무너질 위기에 처하기 쉽다. 그러니 12월 1일부터 새로운 습관을 계획하고 유지할 수 있다면 1월 1일부터 3월 1일 사이의 유혹도 별일 아닌 듯 넘길 수 있다. 참고로 종민과 나는 12월을 일상을 리셋하는 첫 번째 기회라고 생각해야 앞서 말한 1월 1일과 3월 1일을 제대로 활용할 수 있다고 믿는다.

우리는 12월에 모임이나 만남의 횟수가 가장 적다. 덕분에 1년 중 최다 독서량을 기록하는 달이기도 하다. '연말연시의 분위기에 취하지 않으려고 사람을 피하고 책 속에 파묻힌다'가 더 정확한 표현일 것이다. 그러면서 지속해 오던 습관을 강화하고, 새롭게 시작하고 싶은 습관을 한 달 일찍 실행하며 새해 기분을 즐긴다. 이런 기이한 쾌락의 장점은 두 가지다.

첫째, 습관이 우선순위에서 밀리지 않는다. 이는 송년회, 크리스마스 파티 등 초대받은 모임을 거절

할 용기와 명분이 되어 준다. 많은 이들이 모임에 참석하지 않기를 어려워하는데, 마음이 끌리는 모임이 아니라면 1년에 한 번 하는 연말 모임이라고 해도 굳이 참석할 필요가 없다. 원치 않는 모임에서 자신의 시간을 소비하는 것보다 거절로 인한 죄책감 앞에 서는 게 낫다. 그냥 좀 미안해하면 어떤가? 그냥 좀 안 만나면 어떤가? 원치 않는 부름에 응하지 않는 것은 당신이 가질 수 있는 몇 안 되는 특권이다.

둘째, 한 해를 조금 일찍 시작할 수 있다. 뭐든 마음먹기에 달렸다는 말은 상투적으로 들리지만, 새해가 12월 1일부터 시작됐다고 여기는 이들의 마음가짐은 좀 다를 수 있다. 모두가 들떠 있는 와중에도 평온을 지키는 모습은 흡사 수행자의 모습과 비슷하다. 남들보다 한 달 먼저 차분히 자신의 할 일들을 해 나가기 때문에 1월 1일이 되어서도 다른 사람보다 한발 앞서 있다.

대부분의 사람들은 남과의 비교를 통해서 성취감을 맛보고 이에 따라 울고 웃기 마련이다. 인간의 본성과도 같은 이런 성향 덕분에 12월 1일에 시작하는 좋은 습관은 엄청난 성취감을 불러일으킨다. 단지 한 달 일찍 시작했을 뿐인데 남들보다 나은 삶을 살고 있다는 만족감을 느껴 보길 바란다.

습관 권태를 피하자

종민과 나는 습관들을 유지하려고 애를 많이 쓴다. 시간표를 적어서 잘 보이는 곳에 붙여 두고 세션이 시작되고 끝나는 시간을 알람으로 맞춰 두기도 한다. 익숙해지기까지 진행 순서나 세션별 시간이 변하지 않도록 주의를 기울인다. 이렇게 집착하다 보면 흐르는 물이 호수로 모여들듯 습관도 자연스럽게 내 일상 가운데 들어온다.

고생스럽게 만든 습관도 익숙해진 후에는 주기적으로 변주를 준다. 습관을 유지하려고 발버둥 친다고 해 놓고 그 루틴에 변형을 가하다니 이상한 말이다. 이 변주의 시간은 여태껏 잘 세워 둔 습관을 재정비하는 시간이 된다. 습관에 집착하다 보면 정작 중요한 걸 놓칠 때가 있는데 그때 객관적으로 바라보기 위해서 한 걸음 물러서서 일상을 바라보는 거다. 습관 변주는 오래 이어 온 습관에 긴장감을 더하는 계기가 되기도 한다. 다양한 변주를 통해 긴장감에 완급을 주는 것이다.

매일 지속하던 습관과 거리두기

우리는 여행을 통해서도 습관을 재정비한다. 10년 동안 경험해 보니, 여행은 일상의 권태를 피하기 위해서도, 현재의 습관이 잘 돌아가고 있는지 확인하기에도 좋은 기회다. 퇴사 후 독립생활자가 된 우리는 1년 중 서너 달은 해외에서 지낸다. 다른 언어, 낯선 환경에 둘러싸여 지내면 자연스레 긴장이 되지만 또 한편으로 새로운 걸 경험할 수 있어 신이 난다. 한국과 다른 맛의 음식도 즐기고, 낯선 풍경과 시스템 사이에서 흥미를 느낀다. 나를 모르는 사람들만 있는 곳에서는 평소에 없던 용기도 번뜩 생겨난다. 여행이라는 건 이토록 감각을 깨우기 좋은 경험이다. 다만 여행의 흥분은 그동안의 노력을 쉽게 무너뜨릴 수 있다. 그래서 습관의 완급을 위해 적절한 속도가 필요하다.

우리는 한 도시에 한 달간 머문다. 우리의 외국 체류는 여행이랄 수도 없고, 일상이랄 수도 없는, 그 경계선에 있다. 한달살기로 외국에서 머물면 일상의 익숙함과 여행의 낯섦을 둘 다 경험하게 된다. 이때 습관에 대해 다시 한번 생각해 볼 수 있다. 지금까지 노력한 습관이 나의 일상에 잘 어울리는지, 습관에 집착하면서 놓치고 있는 건 없는지, 마지막으로 더 좋은 습관을 찾기 위해 추가할 부분은 없는지. 자신의 일상에서 한 걸음 떨어져서 바라보게 된다. 그리고 우리의 습관이 ① 한국에서의 일상처럼 모든 게 준비된 곳에서만 유지할 수 있는 성격의 것인지, ② 여행처럼 환경이 변해도 계속 유지할 수 있는 습관인지, ③ 일상이 무너진 후 얼마나 빨리 원래의 습관으로 돌아갈 수 있는지 확인해 보는 과정도 필요하다.

여행을 통해 일상에 변주를 주었다가 원래 자리

로 돌아오길 반복하다 보면 언제든 예전 습관으로 돌아갈 수 있다는 확신을 얻을 수 있다. 마치 무거운 닻을 내려 뒀기에 폭풍우 속에서도 제자리를 벗어나지 않는 배처럼 말이다.

우리에게 여행은 오래된 습관으로 찾아오는 권태를 피하려는 하나의 노력이다. 권태는 독립생활자가 경계해야 할 단어 중 하나이고 습관 완성의 조건인 것처럼 따라붙는 반갑지 않은 손님이다. 우리의 뇌는 익숙한 것과 지루함을 동일하게 여기는 경향이 있다. 때문에 좋은 습관이라 해도 오래 유지하다 보면 유행이 지난 비싼 구두마냥 버리고 싶어진다. 매일 정해 놓은 시간에 똑같은 행동을 하다 보면 '또 같은 하루를 반복해야 하나?' 갈등하게 되는 것이다. 때문에 주기적으로 일상에 변화를 줘서 권태를 피해야 한다.

우리가 선택한 여행은 하나의 방법일 뿐이다. 여러분은 자신에게 어울리는 변주 방법을 찾으면 된다. 습관을 길게 유지하기 위해서 주변 환경을 잠시 바꾸면서 느슨해진 매듭을 다시 묶어 보도록 하자.

일상이 늘 똑같을 수 없다. 루틴을 무너뜨린 뒤에 재빨리 원상태로 돌아오는 연습을 반복하자. 그 방법으로 일주일 이상의 여행이 가장 쉽지만 당장 떠날 수 없다면 익숙해진 습관 사이에 불편함을 넣어 보자. 평소 앉던 소파가 아니라 식탁에 앉아서 책을 읽거나 글을 쓴다거나 시간표에 적힌 세션 하나를 익숙한 공간을 벗어나 낯선 장소에서 해 보는 식으로 말이다. 그보다 강한 자극을 원한다면 오른손잡이가 왼손으로 밥을 먹는 것과 같이 완전히 다른 규칙을 적용해 보는 것도 좋다.

즉각적인 보상을 찾아라

외부에서 긴 시간을 보내야 하는 날이면 나는 집을 평소보다 더 깔끔히 정리해 둔다. 침대 위 이불을 주름 없이 착착 펴 놓고 방바닥을 샅샅이 훑어서 머리카락 한 올까지 줍는다. 내가 정리하는 사이 종민은 세면대의 얼룩을 지운 뒤 설거지를 하고 싱크대 안의 물기까지 싹 닦아 놓는다. 어려운 손님이 당장이라도 현관문을 열 것처럼 집 안 정리를 마치면 우리의 외출 준비도 끝난다. 아침 일찍 나가야 하는 날에는 전날 저녁에 청소와 정리를 미리 해 놓는다. 옷을 입지 않고서는 현관 밖으로 나갈 수 없는 것처럼 싹 정리해 놓지 않으면 외출할 수 없다.

눈으로 바로 확인되는 보상의 힘

다른 이들에게 우리의 리추얼을 얘기하니 자신들은 외출 준비만으로도 바빠서 어수선한 상태를 적당히 무시하고 집을 나선다고 했다. "내 몸 치장도 바쁜데 정리정돈이라니!"

우리의 '과잉' 외출 준비는 밖에서 수고한 나에게 주는 보상이다. 일과가 힘든 날일수록 집에 돌아왔을 때 무언가로부터 보상받고 싶어진다. 치맥을 먹으면서 고생한 나를 다독일 수도 있고, 쇼핑으로 허한 마음을 채워 줄 수도 있다. 각자 보상이 있는 것처럼 우리는 마음의 여백을 만들어 줄 수 있는 깔끔한 공간을 원한다. 평소에 욕심 부리는 게 별로 없는 우리 부부지만 현관문을 열었을 때 막 체크인한 5성급 호텔의 객실처럼 깨끗한 공간이 우리를 반겨주기를 간절히 바란다. 지쳐서 집에 돌아왔는데 어수선한 공간을 마주한다면 그것만큼 끔찍한 건 없다. 다만 우리 집은 호텔처럼 '메이크업 룸' 서비스가 없으니 스스로 룸메이드가 되어야 했다. 그래서 외출 전 집 정리를 습관으로 만든 것이다.

이 습관 덕에 일정을 마치고 현관문을 열 때마다 기분이 좋다. 외출 전의 수고도 기억나지 않는다. 가끔은 집에 사는 요정이 우리를 기다리며 청소를 해 뒀다는 생각마저 든다. 주방, 거실, 안방, 그리고 화장실까지 곳곳을 확인하며 "우리 집 잘 있었어! 깨끗한 상태로 기다려 줘서 고마워" 하고 인사도 한다. 외출 전 정리정돈은 좀 과하다 싶은 습관이지만 확실한 보상으로 돌아오니 점점 더 집착하게 된다.

운동에도 즉각적인 보상이 필요하다. 살이 빠지거나 몸매가 변하는 걸 목표로 하면 보상이 너무 멀다. 하지만 종민처럼 생각을 바꾸면 즉각적인 보상이 될 수 있다. 그가 매일 새벽에 수영을 가는 이유중 하나는 아침 샤워 때문이다. 온몸이 빨개질 정도로 수영을 한 뒤 깨끗하게 씻고 하루를 시작하면 아침 샤워는 덤으로 얻은 걸로 생각하는 사람이 종민이다. 다른 운동을 하면서도 땀을 흘린 뒤 샤워를 하지만, 운동복을 입고 땀을 흘린 뒤 옷을 벗고 샤워하고 또 옷을 입다 보면 뭔가 하지 않아도 될 일을 하고 있는 것 같은 기분이 든다고 한다. 운동도 힘들고 귀찮은데 지친 몸을 이끌고 또 옷을 벗고 샤워를 해야 하는 힘든 과정이 나눠져 있으니 하기 싫어진다고. 반면 수영은 물속에서 땀을 흘리니 입수 전 샤워, 수영, 출수 후 샤워가 하나로 이어진 기분이라고 한다. 물에서 물로 이어지는 하나의 과정이라는 건데, 나로서는 이해가 가지 않는 논리다. 하지만 종민은 남들과 다른 생각 덕분에 이른 새벽 문을 열고 운동을 가야 하는 즉각적인 동기를 얻고 있으니 그걸로 됐다.

변수를 예측해야
지속할 수 있다

원하는 대로만 되지 않는 게 우리 삶이다. 그 안에서 습관까지 만들기 위해서는 변수마저 예측할 필요가 있다. '한 번쯤이야' 하면서 긴장을 풀어 버리면 그 한 번이 두 번이 되고, 실패가 반복되면 습관을 지속할 이유를 잃어버리기 때문이다.

종민은 겨울 한파에도 새벽 수영을 열심히 다닌다. 그런 종민이 뜻밖의 위기에 처한 적이 있다. 온수매트를 살짝 켜 놓고 잠든 날이었다. 온수매트를 저온으로 맞춰 두고 잠들면 평소보다 노곤해진다. 뭐랄까. 온수매트와 내 몸이 하나가 된 것 같은 안

락함이라고 하면 좋겠다. 그런데 그 노곤함에 취해서 다음 날 제시간에 일어나지 못했다. 때문에 그날 수영을 가지 않았는데 문제는 그다음 날 아침에는 제시간에 일어났음에도 나갈 생각을 하지 않았다는 점이다. "어제 하루 쉬었더니 몸이 좀 피곤해. 오늘 하루만 더 쉬면 내일은 개운하게 갈 수 있을 거야." 그러곤 다시 이불을 덮었다.

하루 정도는 늦잠을 잘 수 있다. 하지만 그다음 날엔 원래대로 습관 열차에 올라타야 한다. 그런데 한 번의 실패가 이후 모든 날의 발목을 잡았다. 아침부터 잔소리를 해서 수영장으로 내쫓았으니 망정이지, 그렇지 않았다면 또 실패의 경험이 그 안에 쌓였을 뻔했다.

다행히 수영을 다녀온 뒤 종민은 자신이 실패할 뻔한 이유와 상황을 제거하기 시작했다. 한 시간가량 수영장 레인을 왔다 갔다 하면서 하루의 늦잠이 결국 수영장에 가지 않은 이유가 되었음을 깨달았다고 한다. 온수매트의 따뜻함이 기상을 방해했으니, 당분간 온수매트는 켜지 말자고 했다.

습관을 만들어 나가다 보면 예상치 못한 상황이 등장한다. 적응하기 어렵고 힘든 습관일수록 예측 가능한 변수는 제거해야 한다. 또 다양한 상황을 그려 보면서 예외 상황도 스케줄링해야 한다. 이렇게 상황을 통제하면 갈까 말까를 고민하며 나 자신과 싸우지 않아서 좋다.

늘 집에서 생활하는 우리에게도 업무량이 몰아 닥칠 때가 있다. 원고 마감, 그리고 방송 촬영, 강연 등이 말이다. 이때 우리가 해야 할 일은 내가 소화할 수 있는 업무량을 파악하고 일정을 짜는 것이다. 소화가 불가능하다고 생각된다면 좋은 기회라 해도 다음을 기약한다.

특히 새 책을 써야 하는, 그야말로 정신과 마음을 온종일 원고에 쏟아야 하는 기간이면 외출이나 약속도 잡지 않는다. 외출로 인한 체력적인 소모를 방지하고 원고의 흐름을 놓치지 않기 위함이다. 혹 외출이 필요하다면 일주일에 한 번으로 제한하고 아침 습관을 모두 해낸 뒤에 오후에는 글쓰기라는 몰

평소 은덕의 시간표	
6시	일어나기
6시~7시	침대 정리, 집안 환기, 차 준비해서 책상에, 영어 공부 시작!
7시~8시	청소하고 식사 준비
8시~9시	아침 먹고 샤워
9시~11시	요가
11시~2시	독서와 업무
2시~3시	점심식사
3시~4시	피아노 연습

집중 업무 때 은덕의 시간표	
6시	일어나기
6시~7시	침대 정리, 집안 환기, 차 준비해서 책상에, 영어 공부 시작!
7시~8시	청소하고 식사 준비
8시~9시	아침 먹고 샤워
9시~11시	요가
11시~2시	업무 1부
2시~3시	점심식사
3시~5시	업무 2부
5시~6시	피아노

입의 시간을 갖는다. 단, 이때도 마감 직전에 밤새워 가며 쓰는 게 아니라 매일 습관처럼 작업을 하는 게 중요하다. 글쓰기가 습관으로 정착이 되면 '와 오늘은 글이 잘 써지는군' 혹은 '한 글자도 못 쓰겠는걸' 싶은 마음에서 벗어날 수 있다. 그저 습관이 되어 한 글자 한 글자 자판을 누르게 될 뿐이다.

직장을 다니다가 독립생활자가 된 후 직면하는 가장 큰 어려움은 삶과 일의 분리가 생각만큼 쉽지 않다는 점이다. 코로나 시국이 시작된 후 많은 수의 직장인들이 재택근무의 어려움을 호소한다. 일상과 일이 혼재돼서 쉬는 것도 일하는 것도 아닌 상태가 지속되기 때문이다. 회사에서는 점심 시간에 밥도 먹고 9시부터 6시라는 물리적인 시간도 있는데, 집에서 일하다 보니 이 모든 경계가 사라진다.

이럴 때 우리는 수면, 식사, 환복 습관을 확실히 정착시켜 일과 삶의 분리가 가능토록 했다. 그래서 우리는 일이 너무 많다고 밤을 새우는 일도 없고, 끼니를 걸러 가면서 일을 하는 법도 없다. 업무 역시 늘 계획과 습관 아래서 진행되기 때문이다.

또 명심해야 할 한 가지는 아침 습관을 잘 만들

어 놓으면 이후 시간은 업무에 몰입할 수 있다는 점이다. '어학공부⋯ 아침식사 ⋯ 청소 ⋯ 운동'이 네 가지 루틴으로 항상 아침을 시작하는데 이는 일이 나의 삶을 방해하지 못하도록 튼튼한 장벽이 되어 준다. 어떤 면에서는 일보다 아침 루틴을 소중하게 여기는 것인데, 성공적인 아침 루틴이 오전, 오후에 만들어 갈 업무의 몰입도를 높여 준다. 이미 해야 할 것들을 아침에 끝냈기 때문에 홀가분하게 업무에 몰입할 수 있는 것이다.

1 체력 저하는 루틴을 무너뜨리는 확실한 변수다.
   외출은 근력을 키울 때 사용하는 풀업밴드와 같다.
   외출 시간은 풀업밴드를 당기는 시간이고 외출
   시 이동 거리는 풀업밴드의 탄성이라고 생각하면
   쉬운데, 집 밖에 오래, 멀리 다녀온 만큼 지치게
   된다. 즉, 외출은 반드시 평소보다 더 큰 체력을
   필요로 한다. 최대한 빨리 집으로 돌아와서 어제와
   같은 루틴 속으로 들어갈 수 있도록 준비하는 게
   중요하다. 추천하고 싶은 방법은 새로 시작한
   습관이 정착될 때까지 외출을 최소화하는 것이다.

2 GPS 스포츠워치를 만드는 기업 가민은 '바디
   배터리Body Battery™'라는 개념을 도입하여
   사용자들의 능력 향상을 돕는다. 이 개념은
   '수면과 휴식으로 바디 배터리가 충전되며, 반대로
   스트레스를 받거나 신체 활동을 할 경우에는
   에너지를 소모하고 우리의 회복 능력이 영향을
   받는다'는 점에 주목한다. 능력 향상을 위해
   반드시 휴식이 필요하듯 우리도 습관 유지와
   향상을 위해 휴일을 정해 평소에 하던 루틴을
   멈춘다. 충분한 휴식이 있어야 어떤 변수나 예외가
   찾아와도 버텨 낼 수 있기 때문이다. 하지만 몸에
   에너지가 남아 있을 때 일부러 휴식을 취하면 왠지

비효율적이라는 생각을 하게 된다. 따라서 완전히
휴식에 몰입할 수 있는 날을, 적어도 일주일 중
하루 이상 설정해야 한다. 일종의 '여백 시간'이다.
이렇게 휴일을 지정해 두고 편안하게 쉬면 다음
날부터 또 규칙적으로 살고 싶은 욕망이 생긴다.
휴일에는 가능하면 모든 외출을 삼가고 집에서
휴식만 취하라고 권하고 싶다.

타인의 시선을 이용하라

처음 달리기를 시작했을 때, 나는 운동을 제대로 배워 보거나 해 본 적이 없었다. 그런데도 달리기라는 힘든 운동을 시작하기로 마음먹었고, 포기하지 않기 위해 SNS에 매일 달린 기록을 올렸다. 달리기가 습관으로 정착될 때까지 하루도 빼먹지 않았다. 사람들이 나를 지켜보고 있다는 생각이 운동화 끈을 묶게 했다. SNS로 연결된 이들 중 대부분이 얼굴한 번 본 적이 없는 사람이지만 '작심삼일로 끝내면 나를 한심하게 보겠지' 하는 마음이 컸다. 물론 다른 사람의 시선을 의식하면서 살다 보면 스트레스를 받는 경우도 있다. 하지만 무언가를 과시하거나 관심을 받기 위한 행동이 아닌 나의 습관을 위해서라면 타인의 시선이 여러모로 유익하다.

SNS가 부담스럽다면 신발 끈을 묶을 수밖에 없는 자신만의 이유를 만드는 것도 방법이다. 한 여행 작가는 조지아에 한 달가량 머물면서 아침마다 달리기 습관을 들이고자 했다. 매일 달리는 것도 쉽지 않았지만 그에게는 아침 찬 공기를 뚫고 문을 나서는 게 더 힘들었다. 이때 침대에서 일어날 수밖에 없는 이유를 만들었는데, 그날 마실 우유를 햇볕이 잘 드는 창가에 두고 잠드는 거였다. 해가 뜨면 강렬한 태양에 우유가 상할 테니 그날 허기를 채우기 위한 우유 한 모금을 위해서 어쩔 수 없이 일어나야 했던 것이다. 원초적이지만 확실한 동기부여 수단이다.

나는 SNS에 러닝 기록을 올리며 달리기 습관을 들일 수 있었다. 다만 다른 사람의 시선이 신발 끈을 묶는 것까지는 도와줬는데, 장거리를 달릴 수 있는 힘이 되어 주진 못했다. 이번에는 '새벽 4시에 일어나서 수영하러 가는 팀'과 같이 나와 함께 어려움을 극복할 파트너가 필요했다.

앤절라 더크워스의 《그릿》에선 6년 동안 승부욕이 유독 강한 수영선수들을 연구한 사회학자 댄 챔블리스를 소개한다. 그는 훌륭한 선수가 되는 가장 현실적인 방법은 '훌륭한 팀'에 들어가는 것이라고 말한다. 매일 새벽 4시에 일어나서 수영을 하러 가는 선수들을 보며 우리는 '어떻게 그럴 수 있지?' 의아해하지만, 매일 새벽 4시에 일어나서 연습을 하러 가는 팀에 들어가면 우리도 그렇게 될 수 있다는 것이다. 투지는 혼자서는 발휘하기 어렵지만 여러 사람이 함께했을 때, 특히 나보다 투지가 강한 사람들이 곁에 있다면 우리는 더 쉽고 별일이 아닌 것처럼 습관에 길들여진다는 의미다.

이 무렵 나이키에서 운영하는 런클럽에 참여하기 시작했다. 매주 달리기에 열정을 쏟는 이들과 함께하면서 달리기에 대한 내 투지도 덩달아 불타올랐다. 페이서pacer와 함께 뛰는 동안 5킬로미터가 10킬로미터, 15킬로미터로 늘었고 하프 마라톤까지 도전해 볼 용기가 생겼다. 하프 마라톤 대회에서 완주할 수 있었던 것도 내 옆에서 달리던 이름 모를 누

군가 덕분이었다. 21킬로미터를 쉬지 않고 달린다는 건 정말 힘든 일이지만 결승점을 목표로 하는 사람들 가운데 속하니 나도 완주할 수 있었다.

가족이나 친구의 시선을 이용할 수도 있다

"너 오늘 씻고 잘 거야?"

외출하고 돌아오면 나는 항상 종민에게 이렇게 묻는다. 씻지 않는 종민에게 무언의 압박을 가하는 말처럼 들리겠지만 사실 문제의 주체는 나다. 종민과 함께 살면서 나라는 인간은 씻는 걸 매우 귀찮아한다는 것을 알았다.

외출 전 집 청소는 그렇게 공을 들이면서 집에 돌아오면, 특히 손가락 하나 꼼짝하기 싫을 정도로 피곤한 날이면, '아침에도 씻었는데……' 하면서 양치만 하고 침대에 누워서 세안 티슈로 얼굴을 문질문질했다. 물론 매일 출퇴근할 때는 나도 현대 도시 생활자들처럼 아침, 저녁으로 씻었다. 그러나 독립 생활이 시작되고 나니 혼자 있는데 그럴 필요가 있나 싶어졌다.

집에만 머무는 날은 어김없이 씻기를 미룬다. 아니, 거부한다. 사실 집에 있을 때 씻지 않는다고 해서 큰일 따위는 생기지 않는다. 샤워를 하는 5분 동안 약 60리터의 물을 사용한다고 하니 내가 집에 머물면서 씻기를 거부하면 결국 지구에게도 좋은 일이지 않은가 싶기도 하고 말이다.

외출이 불가피한 날에는 나도 어쩔 수 없이 현대 사회의 룰을 따른다. 내가 할 수 있는 저항이라고는 고작 한 날에 두세 개의 일정을 몰아서 해결하는 정도랄까. 어쨌든 그 하루만 씻으면 되니까. 하지만 그 하루도 씻기 싫은 날이 종종 있다. 집에 머무는 날이 많아지고 덩달아 씻는 행위가 특별한 일이 되어 버리니 외출 후의 세수가 세상 무엇보다 번거롭게 느껴진다. 하지만 종민은 아무리 힘들어도 꼬박꼬박 씻고 잔다. 그리고 옆에 누워서 "모름지기 도시에 사는 현대인이라면 잠들기 전 몸을 닦아야 하지 않나?" 한마디를 거든다.

그러니까 내가 종민에게 "너 오늘 씻을 거야?"라고 묻는 건 만약 당신이 씻는 걸 포기한다면 나도 기꺼이 그렇게 하겠다는, 그러니까 제발 오늘만큼은 우리 함께 현대 도시 생활자의 룰을 버리자는 신호를 보내는 것이다. 하지만 종민에게는 어림도 없다. 스킨, 로션을 바르는 동안 그가 보내는 경멸의 눈빛을(나 혼자 그렇게 생각한다. 종민은 한결같이 나를 귀여워한다) 무시할 수 없어 나도 마지못해 씻게 된다.

적극적으로 남의 시선을 이용하는 방식을 시도하다 보면 끝까지 해내지 못할 것 같은 일도 마법처럼 이루어진다. 아이를 키워 보지는 않았지만 아이가 부모를 의식하면서 스스로 성취를 이뤄 나가는 것도 하나의 예가 될 수 있을 것 같다.

코로나19 시국을 거쳐 오면서 오프라인보다 온라인을 통해 다 함께 목표를 이루는 시도가 많아졌다. 어떤 습관은 세밀한 계획을 세워도 흐지부지가 되기 일쑤다. 온라인 플랫폼에서야말로 타인의 시선을 적극적으로 활용할 수 있다. 같은 목표를 향해 나아가며 서로 응원해 주는 이들을 온라인을 통해 쉽게 만날 수 있게 된 것이다. 타인을 조력자로 삼아 더 나은 성과를 이루게 도와주는 몇 가지 플랫폼을 소개한다.

1　밑미는 에어비앤비에서 일한 직원들이 퇴사해 만든 플랫폼이다. '진짜 나'를 발견해 가는 과정을 통해 습관 형성과 리추얼을 만든다. 최대 20명의 멤버가 함께 목표를 공유하고 연대하면서 참가자들을 격려한다.

2　습관 온라인 플랫폼의 맏형 같은 존재인 챌린저스는 다이어트, 공부, 생활습관, 외국어, 돈 관리, 독서 등의 카테고리에서 본인이 원하는 챌린지를 선택할 수 있다. 참가비를 내지만 85프로 이상 목표를 달성하면 참가비를 돌려받는다는 점에서 밑미와는 다르다. 밑미가 참가자들의

연대와 모임을 이끄는 리추얼 메이커의 격려로
동기를 부여한다면 챌린저스는 참가비로 의지를
이끌어 낸다고 할 수 있다.

3   카카오프로젝트100은 시즌제로 운영되며, 뇌에
     습관 회로가 형성되려면 100일이 걸린다는 점에
     근거해 프로젝트 기간이 긴 편이다. 실천 보증금을
     걸고 프로젝트에 참여하며 100일 실천을 이뤘을
     경우 돈을 돌려받거나 기부할 수도 있다.

여러분은 틀리지 않았습니다

지구 남쪽 끝에 가면 사람의 손길이 닿지 않은 '파타고니아'라는 땅이 있습니다. 사람이 살기에 마땅치 않은, 그야말로 풀과 바람밖에 없는 대자연이죠. 그곳까지 찾아간 건 어디를 찍어도 엽서 사진이 될 법한 멋진 풍경 때문이었습니다.

눈에 닿는 모든 곳이 아름다웠지만 문제는 사람이 없다는 점이었습니다. 긴 시간 동안 마주 오는 사람도, 나를 지나치는 이도 만나지 못하니 내가 길을 잘못 든 건 아닌지, 이러다가 조난당하는 게 아닌가 하는 생각으로 걷는 내내 불안했습니다. 그러다가 사람을 만나면 왜 그렇게 반갑던지. 나의 모든 선택이 이상 없다고 증명받는 기분이었죠. 분명 지도도 보고, 길 위의 이정표를 따라 걸었음에도 말이죠. 확신이 없을 때는 나와 같은 길을 걷는 사람을 통해 확인받고 싶어 한다는 걸 그때 깨달았습니다.

삶의 확신이 필요하면 다른 사람과 비슷한 삶을 살면 됩니다. '저 사람도 그렇게 사는데 뭘!' 하면서 확인하는 거죠. 하지만 우리는 조금 다른 삶을 살잖아요. 독립생활자의 삶도 파타고니아를 걷는 것과 같더라고요. 주변의 비슷한 사람을 통해 확인받을 수 없으니 매순간 불안해집니다. 그래서 '이렇게 살아도 괜찮다'는 이야기를 듣고 싶어질 때가 생길 거예요. 우리의 삶은 틀린 게 아니고 남들과 조금 다를 뿐이라고.

우리는 흔들리기 쉬운 존재입니다. 남의 말에 상처받고, 다른 삶이 틀린 삶이라고 생각하기도 하죠. 그런 우리의 모습은 잔가지 끝에 매달린 나뭇잎 같다고 해야 할까요? 하지만 독립생활자가 되고자 한다면 나뭇잎보다는 깊은 뿌리가 되어야 합니다. 주변에 휩쓸리지 않고 굳건히 자신의 방식을 고집해야 하니까요. 그러기 위해선 단순하고 반복적인 습관이 필요합니다. 어제의 나와 오늘의 나, 그리고 내일의 나를 비교하면서 '이렇게 살아도 괜찮구나'를 확인하는 거죠. 단순하고 기본적인 습관을 중심으로 설명한 건 그 기본을 지켜 가는 과정만으로도 나를 확인할 수 있고 흔들리지 않을 수 있기 때문입니다.

이 책에 쓰여 있는 습관이라는 것들은 그리 새롭지 않습니다. 그럼에도 구구절절 습관의 과정과 방법을 늘어놓은 건 기본을 다시 세우는 게 그 무엇보다 어렵기 때문입니다. 서른 초반에 은퇴하고 10년 동안 독립생활에 어울리는 습관을 찾기까지 어려움이 많았습니다. 작은 성취로 하루를 시작하는 게 중요하다는 사실을 깨닫고 아침형 인간이 되는 습관을 얻기까지 5년 가까운 시간이 걸렸으니까요. 이 책이 여러분에게 자신의 뿌리가 깊이 박혀 있는지 살펴볼 수 있는 기회로 이어진다면 감사하겠습니다.

파타고니아를 걷는 나흘 동안 우리 부부는 내내 불안해했지만 여러분은 이 책을 통해 확인받길 바랍니다. 의심하지 말고 걸어가세요. 당신의 선택은 틀리지 않았으니까요.

2021년 11월, 백종민